AF282101

Gestión informatizada de ventas. ADGG0003

Ester Chicano Tejada

ic editorial

Gestión informatizada de ventas. ADGG0003
© Ester Chicano Tejada

1ª Edición

© IC Editorial, 2025

Editado por: IC Editorial
c/ Cueva de Viera, 2, Local 3
Centro Negocios CADI
29200 Antequera (Málaga)
Teléfono: 952 70 60 04
Fax: 952 84 55 03
Correo electrónico: iceditorial@iceditorial.com
Internet: www.iceditorial.com

ISBN: 978-84-1184-770-4
Depósito Legal: MA 648-2025

Impresión: PODiPrint
Impreso en Andalucía – España

Nota de la editorial: IC Editorial pertenece a Innovación y Cualificación S. L.

Especialidad formativa

Se entiende por especialidad formativa la agrupación de contenidos, competencias profesionales y especificaciones técnicas que responde a un conjunto de actividades de trabajo enmarcadas en una fase del proceso de producción y con funciones afines.

Las especialidades formativas de Uso General, Formación Complementaria, Formación Modular y las especialidades formativas dirigidas a la obtención de certificados de profesionalidad se incluyen en el Fichero de Especialidades del Servicio Público de Empleo Estatal para su gestión en todo el territorio nacional por cualquier Administración competente.

Las especialidades complementarias, pertenecen todas a la Familia profesional de Formación Complementaria (FCO) y tienen la consideración de formación transversal en áreas que se consideran prioritarias tanto en el marco de la Estrategia Europea para el Empleo y del Sistema Nacional de Empleo como en las directrices establecidas por la Unión Europea. Se consideran áreas prioritarias las relativas a tecnologías de la información y la comunicación, la prevención de riesgos laborales, la sensibilización en medio ambiente, la promoción de la igualdad, la orientación profesional y aquellas otras que se establezcan por la Administración competente.

Las especialidades de Certificado de profesionalidad tienen una duración especificada en su normativa reguladora.

En el resultado de la búsqueda, se muestran las unidades de competencia, todos los módulos formativos con su duración y las unidades formativas del certificado correspondiente, con su duración. Las horas del certificado, exclusivo de las especialidades de certificado de profesionalidad, con alta igual o superior a 2008, son las horas totales más las horas del módulo de Prácticas Profesionales no Laborales.

- ➲ **Si la especialidad tiene unidades formativas,** las horas totales, presencial, distancia, teleformación serán igual a la suma de esas horas de las unidades formativas de los distintos módulos, sin que se repita ninguna Unidad formativa.

⮕ **Si la especialidad no tiene unidades formativas,** las horas totales, presencial, distancia, teleformación serán igual a las sumas de esas horas de los módulos formativos, eliminando las horas de los módulos repetidos.

https://sede.sepe.gob.es/especialidadesformativas/RXBuscadorEFRED/BusquedaEspecialidades.do

(Fuente: Servicio Público de Empleo Estatal)

Índice

OBJETIVOS GENERALES

Los objetivos generales del **ADGG0003. Gestión informatizada de ventas,** son los siguientes:

- ➲ Mejorar la gestión de ventas de la empresa, automatizando y sistematizando los procesos y minimizando los errores, basándose en una organización metódica de ficheros con la información del cliente y características del trabajo.
- ➲ Aprender a realizar una gestión informatizada teniendo en cuenta el tipo de trabajo su planificación y diversas dificultades.
- ➲ Organizar con todos los datos una serie de ficheros que ayuden a tratar la información contable.
- ➲ Conocer los protocolos y elementos que conforman una venta.
- ➲ Aprender a prever y organizar los presupuestos y otros documentos relacionados con los análisis de los costes.

Contabilidad de la empresa

Contenido

Objetivos

Los objetivos generales de esta Unidad de Aprendizaje son:

→ Aprender a realizar una gestión informatizada teniendo en cuenta el tipo de trabajo su planificación y diversas dificultades.

→ Organizar con todos los datos una serie de ficheros que ayuden a tratar la información contable.

Los objetivos específicos de esta Unidad de Aprendizaje son:

→ Gestionar los datos en ficheros para tratar adecuadamente la información contable.

→ Comprender las necesidades de gestión de las empresas y, con ello, conocer cómo gestionar el tiempo disponible y los flujos de trabajo.

→ Conocer el entorno y el funcionamiento de la aplicación *Sage 50*.

→ Dar de alta a un artículo en *Sage 50*.

→ Crear un cliente en *Sage 50*.

→ Dar de alta a un proveedor en *Sage 50*.

1. Introducción

Debido a la gran cantidad de información que se gestiona y se intercambia en la actualidad, la gestión empresarial ha sufrido una transformación radical gracias a la aparición de los sistemas informáticos integrados de gestión; de hecho, en lo que se refiere a la contabilidad empresarial, estos sistemas informáticos han ocasionado una revolución importante debido a la gestión informatizada de su información comercial y a la creación de ficheros maestros para agilizar todos sus procesos administrativos y comerciales.

La capacidad creciente que tienen las empresas de almacenar, procesar y analizar la información de forma automatizada les ha permitido desarrollar un proceso de toma de decisiones más ágil y certero, además de una gestión de información óptima, incrementando la eficiencia y garantizando una mayor precisión en la realización de previsiones y estimaciones.

En este contexto, se va a explorar cómo estas tecnologías han impactado en empresas como Suárez Distribución, S. L., que ha incorporado recientemente unos sistemas informáticos integrados de gestión para mejorar su competitividad y eficiencia operativa, con el objetivo de, si se cumplen sus previsiones, expandirse hacia nuevos mercados.

A continuación, se van a analizar los beneficios, desafíos y procesos relacionados con la gestión informática en el ámbito contable, destacando su especial relevancia en el panorama empresarial actual.

2. Gestión informatizada

☞ **HILO CONDUCTOR**

En Suárez Distribución, S. L. se han percatado de la necesidad de implantar un sistema informático de gestión para poder optimizar sus procesos administrativos y comerciales y su operativa diaria. Para ello, van a evaluar las distintas alternativas y soluciones disponibles en el mercado y a analizar las ventajas e inconvenientes para proceder a su implantación.

La información se define como un conjunto de datos organizados y procesados de tal modo que tengan significado y utilidad para el usuario que la recibe. En definitiva, se trata del resultado de dar estructura y contexto a los datos, lo que permite comprender su relevancia y utilizarlos para tomar decisiones o realizar acciones específicas.

La información se puede presentar en multitud de formas distintas. Por ejemplo, texto, números, imágenes y sonidos, entre otros. Además, se puede transmitir a través de diferentes medios, como impresos o electrónicos. Por todo ello, una adecuada gestión de la información resulta fundamental en todos los aspectos que van desde la toma de decisiones personales hasta la gestión empresarial y profesional, y el establecimiento de sistemas de comunicación global.

La gestión y el almacenamiento de la información cada vez más se desarrollan mediante dispositivos electrónicos, es decir, de forma digital.

Eso sí, para llevar a cabo una adecuada gestión de la información y obtener su máximo valor posible, debe ser considerada de calidad.

Para ello, la información debe cumplir con una serie de características:

- **Precisión.** Hace referencia a la exactitud de los datos presentados. Se considera que una información es precisa cuando refleja correctamente la realidad a la que hace referencia, sin errores significativos ni distorsiones.
- **Oportunidad.** Hace referencia a la disponibilidad de los datos en el momento adecuado para poder tomar decisiones o llevar a cabo acciones de manera efectiva, sin demoras innecesarias.
- **Integridad.** Se refiere a la cualidad que asegura que los datos sean precisos, completos y que no estén sujetos a manipulaciones no autorizadas; es decir, la integridad de la información garantiza que esta no ha sido alterada de forma intencional o accidental y que se representa de forma fiel la realidad que se intenta describir.

⊃ **Significatividad.** Hace referencia a la relevancia y utilidad de los datos para los usuarios o para los destinatarios. La información es significativa si aporta un valor práctico a su destinatario, además de contribuir de forma efectiva al logro de objetivos o al proceso de toma de decisiones.

Con el gran incremento de la información que han de gestionar las empresas, debido a la globalización y a la expansión hacia nuevos mercados, se les está obligando a ampliar y mejorar sus fuentes de información y, además, a optimizar los sistemas de procesamiento de la información y los sistemas de comunicación.

Todo ello ha generado la necesidad de disponer de herramientas adecuadas de gestión de la información, con la finalidad de abordar los siguientes inconvenientes:

> Incremento del volumen de información debido al mayor tamaño y complejidad de las empresas y a una mayor demanda de información procedente de fuentes externas.

> Demanda de información más fiable, segura y exacta para combatir la pérdida de control que ocasiona la gestión de un mayor volumen de datos.

> Incremento de los costes generados por el incremento de datos que se manejan, ya que se necesita más mano de obra, más herramientas de gestión y equipamientos, y más materiales.

Para combatir estas desventajas se creó y se desarrolló lo que se denomina *informática de gestión*. En los siguientes apartados se van a explicar los distintos procesos de planificación para poder implantar en una empresa los sistemas informáticos de gestión de forma adecuada y eficaz.

 DEFINICIÓN

Informática de gestión

Está formada por el conjunto de tecnologías de la información y sistemas informáticos utilizados para optimizar la gestión de los recursos y los procesos de las organizaciones. Incluye la automatización de tareas administrativas, el

Continúa en página siguiente >>

<< Viene de página anterior

análisis de datos para llevar a cabo una toma de decisiones eficientes y la implementación de sistemas de información que mejoren la eficiencia operativa y optimice la toma de decisiones estratégicas.

2.1. Comprensión de las necesidades de la gestión

Comprender correctamente las necesidades de gestión es el punto de partida para lograr una implementación exitosa del sistema gestión informatizada en cualquier tipo de organización. Esto implica realizar un análisis exhaustivo de los procesos internos, identificar qué áreas son susceptibles de mejora y entender cuáles son los objetivos estratégicos de la empresa.

En primer lugar, se requiere una evaluación detallada de los procedimientos existentes, desde procesos como la administración de recursos humanos hasta la contabilidad y el control de inventario. Este análisis permite identificar las posibles ineficiencias, cuellos de botella y las áreas donde la automatización de procesos podría ofrecer unos beneficios más significativos.

Además, resulta esencial comprender cuáles son las necesidades específicas de cada departamento y de los distintos niveles jerárquicos dentro de la organización. Esto puede suponer llevar a cabo una consulta directa a los empleados y a los gerentes para lograr una mejor comprensión de sus desafíos diarios y conocer con mayor profundidad los requisitos que resultan imprescindibles para mejorar la eficiencia y la productividad.

Por último, comprender las necesidades de gestión de una empresa/organización también implica tener en cuenta cuáles son sus objetivos estratégicos, no solo a corto o medio plazo, sino también a largo plazo. Todo ello con la finalidad de asegurar que cualquier solución informática implementada esté alineada con la visión general de la organización y contribuya a su crecimiento, de modo que se logre un éxito que sea sostenido en el tiempo.

 **IMPORTANTE**

Por todo ello, comprender correctamente y con profundidad las necesidades de gestión de la organización es un proceso integral y fundamental que implica analizar los procesos que se llevan a cabo, consultar con los empleados y directivos, y alinear las soluciones informáticas con los objetivos estratégicos de la empresa.

2.2. Identificación de las obligaciones contables

El fundamento legal en España que toda empresa debe tener en cuenta para llevar a cabo su contabilidad se recoge en estos dos reales decretos:

> **R. D. 1514/2007, de 16 de noviembre, por el que se aprueba el Plan General de Contabilidad:** es el más completo y el más utilizado, ya que se adapta a la gran mayoría de las empresas.

> **R. D. 1515/2007, de 16 de noviembre, por el que se aprueba el Plan General de Contabilidad de Pequeñas y Medianas Empresas y los criterios contables específicos para microempresas:** como su nombre indica, es un Plan General Contable adaptado para ser utilizado por las pequeñas y medianas empresas (pymes) y por las microempresas, al tener un formato más reducido y simplificado.

Al ser un plan contable más completo, para las explicaciones vamos a utilizar el Plan General de Contabilidad del R. D. 1514/2007, en el que se define el Marco Conceptual de Contabilidad como sigue:

El Marco Conceptual de la Contabilidad es el conjunto de fundamentos, principios y conceptos básicos cuyo cumplimiento conduce en un proceso lógico deductivo al reconocimiento y valoración de los elementos de las cuentas anuales. Su incorporación al Plan General de Contabilidad y, en consecuencia, la atribución al mismo de la categoría de norma jurídica, tiene como objetivo garantizar el rigor y coherencia del posterior proceso de elaboración de las normas de registro y valoración, así como de la posterior interpretación e integración del Derecho Contable.

En los apartados siguientes se va a analizar este Plan General de Contabilidad y se va a explicar cómo pueden utilizarlo las empresas para registrar todas sus operaciones.

APLICACIÓN PRÁCTICA

Juan, el propietario de Muebles Caros, S. A., una gran empresa que factura anualmente 250 millones de euros, tiene dudas sobre la normativa contable. Como buen asesor, debes indicarle qué Plan General Contable debe utilizar para llevar a cabo la contabilidad de su sociedad anónima.

Solución

Muebles Caros, S. A. factura anualmente más de 250 millones de euros, por lo que es evidente que es una gran empresa y que el plan contable que debe utilizar es el Plan General Contable del R. D. 1514/2007. Por otra parte, aunque Muebles Caros, S. A. es una sociedad de capital, pero el Plan General Contable de Sociedades de Capital no existe como tal.

Plan General Contable

Como ya ha quedado comentado en la parte introductoria, el nuevo Plan General Contable se regula en el R. D. 1514/2007, de 16 de noviembre, por el que se aprueba el Plan General de Contabilidad.

Este plan está dividido en cinco partes:

- ⟳ **Marco conceptual de la contabilidad.** Está formado por la base fundamental de toda empresa. Incluye información sobre los siguientes aspectos:

  - ◔ Cuentas anuales y sus componentes.
  - ◔ Requisitos de la información que incluir en las cuentas anuales e imagen fiel.
  - ◔ Principios contables.
  - ◔ Elementos de las cuentas anuales.
  - ◔ Criterios de registro o reconocimiento contable de los elementos de las cuentas anuales.

- ◑ Criterios de valoración.
- ◑ Principios y normas de contabilidad generalmente aceptadas.

- ⮑ **Normas de registro y valoración.** De obligatorio cumplimiento, se indican los criterios que seguir para la valoración y el registro de los distintos elementos y transacciones que se tienen que contabilizar.
- ⮑ **Cuentas anuales.** De obligatorio cumplimiento, incluye una explicación detallada de las cuentas anuales, además de su formato oficial.
- ⮑ **Cuadro de cuentas.** Está formado por todas las cuentas que forman parte del Plan General Contable. Esta parte no es obligatoria.
- ⮑ **Definiciones y relaciones contables.** No es de obligatorio cumplimiento y está formada por la definición de los distintos grupos, subgrupos y cuentas del Plan General Contable.

Cuadro de cuentas

El cuadro de cuentas contiene todas las cuentas contables que forman el Plan General Contable. El formato sigue un sistema de codificación decimal que las divide en:

- ⮑ **Grupos:** formados por un dígito.
- ⮑ **Subgrupos:** formados por dos dígitos.
- ⮑ **Cuentas:** formadas por tres dígitos.
- ⮑ **Subcuentas:** formadas por cuatro dígitos.
- ⮑ **Subsubcuentas:** formadas por cinco dígitos.

SABÍAS QUE...

El cuadro de cuentas es una parte no obligatoria del Plan General Contable, lo que da cierta flexibilidad a las empresas. Sirve de guía y, aunque esté formado por varios códigos y numeraciones, las empresas pueden incluir nuevos códigos, numeraciones y cuentas para adaptarlos a su actividad empresarial.

ACTIVIDAD COMPLEMENTARIA

1. Busca información sobre el cuadro de cuentas que contiene el Plan General de Contabilidad (R. D. 1514/2007) y el Plan General de Contabilidad para Pequeñas y Medianas Empresas (R. D. 1515/2007). En relación con los grupos de cuentas, ¿hay alguna diferencia en los cuadros de cuentas de los dos planes?

Cuentas anuales

La tercera parte del Plan General Contable está formada por las siguientes cuentas anuales:

- **Balance.** Refleja la posición patrimonial de la empresa y clasifica los elementos en activo, pasivo y patrimonio neto.
- **Cuenta de pérdidas y ganancias.** Muestra los resultados de la empresa, es decir, la diferencia entre ingresos y gastos.
- **Estado de cambios en el patrimonio neto.** Muestra los cambios que ha habido en el patrimonio neto de la empresa durante el ejercicio.
- **Estado de flujos de efectivo.** Facilita información sobre el origen y el destino de los movimientos de efectivo y de otros activos líquidos que ha llevado a cabo la empresa a lo largo del ejercicio.
- **Memoria.** Se utiliza para completar, ampliar y aportar comentarios sobre la distinta información contemplada en los estados anteriores.

 ## IMPORTANTE

Mientras que todas las cuentas anuales son obligatorias para las grandes empresas, para las microempresas y pymes solo son obligatorios el balance, la cuenta de pérdidas y ganancias y la memoria.

 **APLICACIÓN PRÁCTICA**

Marta ha creado Hierros Fundidos, S. L., una pequeña empresa que se va a dedicar a la venta minorista de productos de metalistería. Ya sabe que, para llevar la contabilidad de la empresa, tiene que acudir al Plan General Contable de Pequeñas y Medianas Empresas (R. D. 1515/2007). No obstante, tiene dudas sobre qué cuentas anuales son obligatorias y cuáles son optativas.

De las siguientes cuentas anuales, ¿cuál de ellas es optativa para Hierros Fundidos, S. L.?

a. Balance
b. Memoria
c. Estado de flujos de efectivo
d. Cuenta de pérdidas y ganancias

Solución

Al tratarse de una pyme (pequeña y mediana empresa), Hierros Fundidos, S. L. solo debe presentar obligatoriamente el balance, la cuenta de pérdidas y ganancias y la memoria, por lo que el estado de flujos de efectivo tiene carácter optativo.

- -

Libros contables obligatorios

El Código de Comercio es la norma jurídica que regula las relaciones mercantiles. Entre estas está la llevanza de una contabilidad ordenada y adecuada a la actividad empresarial, además de la obligación de confeccionar y mantener actualizados una serie de libros contables.

Al respecto, el artículo 25 del Código de Comercio indica lo siguiente:

1. *Todo empresario deberá llevar una contabilidad ordenada, adecuada a la actividad de su empresa, que permita un seguimiento cronológico de todas sus operaciones, así como la elaboración periódica de balances e inventarios. Llevará necesariamente, sin perjuicio de lo establecido en las leyes o disposiciones especiales, un libro de inventarios y cuentas anuales y otro Diario.*

2. La contabilidad será llevada directamente por los empresarios o por otras personas debidamente autorizadas, sin perjuicio de la responsabilidad de aquellos. Se presumirá concedida la autorización, salvo prueba en contrario.

IMPORTANTE

Los libros y documentos contables deben llevarse con claridad y por orden cronológico. Se guardarán continuamente después de introducir cualquier registro, con la finalidad de evitar errores u omisiones en las anotaciones contables.

Los libros contables sirven para que se pueda llevar a cabo una contabilidad ordenada y así tener un control cronológico de todas sus operaciones, tanto de carácter administrativo como mercantil.

Estos libros, que se distinguen de los de carácter obligatorio o voluntario, son los siguientes:

- **Libro de inventarios y cuentas anuales.** Es de carácter obligatorio y en él se inscriben el inventario de la empresa a fecha de cierre del ejercicio y las cuentas anuales. Se abre con el balance inicial detallado de la empresa. Como mínimo trimestralmente, debe transcribirse el balance de comprobación de sumas y saldos.
- **Libro diario.** Es de carácter obligatorio y en él se registran diariamente todas las operaciones que ha realizado la empresa.
- **Libro mayor.** Es de carácter optativo y refleja, en cada cuenta contable, todas las operaciones que se han registrado en el libro mayor. Es uno de los libros contables más utilizados en la operativa diaria de las empresas, ya que se registran una a una las cuentas contables. Permite conocer de un vistazo todos los movimientos que se han registrado en cada cuenta durante el ejercicio y el saldo final de esta.
- **Libro de ventas e ingresos.** Es de carácter obligatorio y se utiliza para registrar las operaciones comerciales de ventas e ingresos que ha llevado a cabo la empresa, respetando el orden cronológico de las mismas.
- **Libro de compras y gastos.** Es de carácter obligatorio y se utiliza para registrar las operaciones comerciales de compras y gastos que ha llevado a cabo la empresa, respetando el orden cronológico de las mismas.

2.3. Realización de una planificación

La llevanza de la gestión de una empresa es un proceso dinámico que implica una serie de actividades clave, entre las cuales cabe destacar la planificación, la organización, la dirección y el control.

La planificación, en particular, juega un papel fundamental en este proceso, ya que establece el rumbo y los objetivos que la empresa busca alcanzar, así como los medios y estrategias para lograrlos de manera eficiente.

La planificación es la actividad que se desarrolla para definir los objetivos de la empresa a corto, medio y largo plazo, así como los pasos necesarios para alcanzarlos. Esto implica identificar las metas específicas que se desean alcanzar y diseñar los planes y estrategias que guiarán las acciones de la organización en esa dirección.

La planificación no solo se utiliza en el entorno empresarial, sino que es de gran utilidad para cualquier aspecto de la vida diaria.

Por todo ello, resulta importante comprender que la planificación no se limita a prever lo que podría suceder en un futuro más o menos cercano, sino que va más allá, al involucrar la acción proactiva para influir en ese futuro deseado.

Así, mientras que la previsión se enfoca en pronosticar eventos futuros de manera pasiva, la planificación tiene un papel más activo, que supone una toma de decisiones dinámica orientada a modelar y dar forma a los procesos corporativos para lograr los objetivos de la empresa de la mejor manera posible.

En resumen, la planificación empresarial es un proceso estratégico que implica las siguientes acciones:

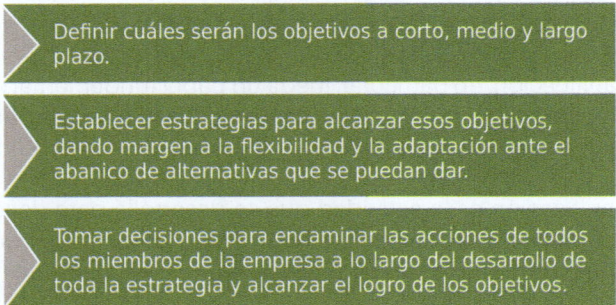

Definir cuáles serán los objetivos a corto, medio y largo plazo.

Establecer estrategias para alcanzar esos objetivos, dando margen a la flexibilidad y la adaptación ante el abanico de alternativas que se puedan dar.

Tomar decisiones para encaminar las acciones de todos los miembros de la empresa a lo largo del desarrollo de toda la estrategia y alcanzar el logro de los objetivos.

En definitiva, planificar es de suma importancia, ya que se trata de un ejercicio de anticipación y acción proactiva que busca influir en el futuro, en lugar de simplemente reaccionar ante él.

A continuación, vamos a tratar los procesos más relevantes en el momento de llevar a cabo una planificación:

Identificación de dificultades	Gestión del tiempo	Gestión del trabajo

2.4. Identificación de las dificultades

La identificación de las dificultades que afronta una empresa resulta fundamental para que la planificación de su actividad se lleve a cabo de forma exitosa.

Son muchas las razones que justifican la importancia de la identificación de las dificultades. No obstante, entre ellas cabe destacar las siguientes:

- **Anticipación de obstáculos.** La identificación de las dificultades permite anticipar los posibles obstáculos que podrían surgir durante la implementación de los planes. Al tener una comprensión clara de los desafíos potenciales, se pueden desarrollar estrategias de contingencia para abordarlos de manera proactiva.

⮑ **Ajuste de estrategias.** Conocer las dificultades existentes en la empresa proporciona información valiosa para ajustar las estrategias de planificación. Esto permite diseñar planes realistas y factibles que tengan en cuenta los desafíos específicos a los que se enfrenta la organización.

⮑ **Optimización de recursos.** Identificar las dificultades ayuda a priorizar el uso de los recursos de manera más efectiva. Al dirigir los recursos hacia las áreas donde se necesitan con mayor urgencia para superar los desafíos, se maximiza su impacto y se minimiza el desperdicio.

⮑ **Mejora continua.** La identificación de dificultades es un paso crucial en el proceso de mejora continua de la empresa. Al abordar activamente los problemas y desafíos identificados, la empresa puede aprender de sus experiencias y fortalecer su capacidad para enfrentar futuros desafíos de manera más efectiva.

⮑ **Incremento de la resiliencia.** Al enfrentarse y superar las dificultades identificadas durante la planificación, la empresa desarrolla una mayor resiliencia y capacidad para adaptarse a entornos cambiantes y desafiantes. Esto la prepara mejor para enfrentarse a futuras adversidades y mantener su competitividad a largo plazo.

La identificación de las dificultades de una empresa resulta esencial para poder llevar a cabo una planificación efectiva, ya que facilita una base sólida para diseñar estrategias realistas, una asignación óptima de los recursos disponibles y una mejora continua de la organización en todos los ámbitos.

Estrategias de identificación de dificultades

Como ya se ha ido comentando, planificar correctamente supone identificar las dificultades que debe afrontar la empresa y las que puedan acontecer en los distintos escenarios de mercado en los que pueda estar involucrada.

Por ello, es altamente recomendable desarrollar una estrategia sistemática para detectar estas dificultades y establecer un protocolo en caso necesario.

La estrategia de identificación de dificultades puede incluir acciones como las siguientes:

⮑ **Análisis de datos.** Llevar a cabo un análisis exhaustivo de los datos disponibles puede revelar patrones, tendencias y áreas problemáticas en la operativa de la empresa. Esto puede incluir el examen de métricas financieras, de rendimiento y de eficiencia operativa.

⮑ **Encuestas y entrevistas.** La obtención de retroalimentación directa de los empleados, gerentes y otros usuarios puede proporcionar información valiosa sobre los desafíos a los que se enfrenta la empresa en su operativa diaria. Para ello, las encuestas y las entrevistas pueden abordar áreas específicas de preocupación y ayudar a identificar áreas de mejora.

- **Evaluación del proceso.** El análisis de los procesos y de los procedimientos existentes en la empresa puede revelar ineficiencias, cuellos de botella y puntos de dolor que obstaculizan la planificación efectiva. Así, identificar dónde se produce la fricción y la resistencia puede ayudar a abordar estos problemas de una forma más proactiva.
- **Revisión de objetivos y estrategias.** La evaluación regular de los objetivos y estrategias de la empresa puede ayudar a identificar si están alineados con la visión y misión de la empresa, y si estos son realistas y alcanzables dadas las circunstancias de cada momento.
- **Consulta con expertos.** En numerosas ocasiones se recomienda acudir a la orientación de consultores externos o expertos en gestión empresarial, ya que puede facilitar una perspectiva distinta, objetiva y experta sobre las dificultades que debe afrontar la empresa, y también sugerir soluciones viables.

2.5. Gestión del tiempo

Aunque es común culpar a la falta de tiempo el dejar tareas sin finalizar o no alcanzar las expectativas marcadas, la realidad es que, en numerosas ocasiones, la principal causante de estos inconvenientes es la falta de organización de las tareas que se deben realizar durante la jornada laboral de los empleados o a una gestión incorrecta de las tareas y del tiempo establecido para llevarlas a cabo.

Este hecho puede atribuirse a varias razones:

- **Planificación incorrecta.** Esto puede deberse a que falte autonomía, a que la jerarquía sea muy rígida, a que se implanten soluciones improvisadas sin justificación, a que resulte difícil delegar tareas o a que se tomen decisiones improvisadas. Para abordar este problema, la empresa debe ser consciente de su rol en la gestión del tiempo y promover la autonomía individual y a que los trabajadores asuman responsabilidades.
- **Ausencia de orden.** Si no se establece ni se mantiene un mínimo orden, la eficiencia se ve comprometida, ya que resultará difícil encontrar archivos y recordar dónde está la información necesaria. Además de perder tiempo, la falta de orden afecta a la concentración y, en consecuencia, a la productividad. Por ello, se recomienda invertir unos minutos al final del día en ordenar el espacio de trabajo.

⇒ **Pérdida de tiempo durante la jornada laboral.** Determinadas actividades, como pueden ser la búsqueda y lectura de información, la asistencia a reuniones y las charlas de trabajo, pueden parecer pérdidas de tiempo, pero en realidad son inversiones que optimizan las tareas que se han de desarrollar durante la jornada laboral.

La planificación es crucial para alcanzar metas, ya que implica preparar y distribuir de manera óptima el tiempo disponible.

En definitiva, se puede concluir que la planificación conlleva una ganancia de tiempo y, por ello, invertir tiempo en esta actividad termina resultando en un ahorro de tiempo global para alcanzar los objetivos.

ACTIVIDAD COMPLEMENTARIA

2. Se han explicado las estrategias de identificación de dificultades, pero cada empresa puede desarrollar estrategias completamente distintas, más adaptadas a su actividad y a su casuística concreta.

   Elabora una lista con una serie de estrategias para identificar dificultades adicionales.

Es indiscutible que para gestionar el tiempo de manera óptima resulta imprescindible planificar correctamente. La planificación debe apoyarse en aspectos como los siguientes:

> Establecer unos objetivos concretos y medibles.

> Antes de comenzar a ejecutar los planes y programas, elegir los medios más adecuados para alcanzar los objetivos.

> Tomar las decisiones más apropiadas antes de comenzar con las tareas.

> Decidir con antelación qué hay que hacer y cómo hay que hacer las distintas tareas.

Para planificar las actividades y gestionar el tiempo correctamente, se recomienda llevar a cabo las siguientes acciones:

1	- Elaborar una lista de actividades pendientes a última hora de la jornada laboral.
2	- Antes de comenzar la jornada, a primera hora, revisar la lista de tareas pendientes.
3	- Asignar un grado de urgencia e importancia a cada tarea y ordenarlas por prioridades.
4	- Marcar cada actividad completada y actualizarla cada vez que se produce algún cambio que afecte al orden de ejecución de las tareas programadas.

La planificación de las actividades es fundamental para gestionar de manera óptima el tiempo.

2.6. Gestión de trabajo

La gestión del trabajo consiste en identificar los distintos tipos de tareas pendientes y diferenciar las importantes de las urgentes. Puede parecer obvio, pero no es fácil ponerlo en práctica.

Para las tareas urgentes normalmente es necesaria una atención inmediata, mientras que las importantes, a pesar de requerir de cierta atención, pueden ser pospuestas y ser atendidas a lo largo de la jornada, ya que están sometidas a menos presión.

Eso sí, hay que tener en cuenta que el riesgo está precisamente en posponer actividades importantes, debido a la presión continua que ejercen las actividades urgentes, y agotar los recursos en tareas que no aportan valor, lo cual merma la eficacia de los empleados.

Los efectos desfavorables que se relacionan con las actividades urgentes pueden minimizarse si se consideran los principios de actuación siguientes:

1. Si hay dos tareas que requieren el mismo tiempo, debe considerarse más urgente aquella cuya fecha límite sea anterior.
2. Si hay dos tareas con la misma fecha límite, aquella que requiera más tiempo para concluirse será la más urgente.
3. Si se aplaza la fecha límite de una tarea, implica rebajar su urgencia.
4. Si una tarea finalmente supone más tiempo del previsto, supone aumentar su grado de urgencia.
5. Si una tarea no tiene fecha límite, nunca se podrá considerar como urgente.

En lo que respecta a las actividades importantes, se pueden diferenciar de las demás porque sus efectos suelen ser tangibles y acordes con los objetivos individuales y colectivos, a nivel de la corporación.

Las tareas importantes se pueden definir como tareas clave. El principal riesgo que se corre con ellas es que hay tendencia a aplazarlas, al ser menos prioritarias que las urgentes. Hay que tener siempre en cuenta que, a pesar de tener menos prioridad, no hay que incurrir en el error de obviar el valor que aportan.

Aunque todas las tareas pueden parecer igual de importantes, hay que aprender a establecer un orden de prioridades.

Para evitar este riesgo y detectar oportunidades de forma preventiva, se recomienda tener en cuenta las siguientes reglas:

1. Si hay dos tareas con consecuencias similares, debe darse la misma importancia a ambas, sea cual sea la dificultad o el volumen de trabajo que impliquen.
2. Si hay que establecer una prioridad entre dos tareas distintas, será más importante la que cause un efecto más grave si esta no se completa.
3. Si hay una variación en las consecuencias de una tarea, su importancia puede crecer o decrecer, independientemente de que la tarea sea la misma y no haya otras variaciones.

2.7. Conocimiento acerca de la informática de gestión

Actualmente, la característica más importante del mundo empresarial es su alto nivel de competitividad y dinamismo. Por ello, las empresas necesitan disponer de herramientas lo suficientemente eficientes para que puedan optimizar sus procesos y poder tomar decisiones a tiempo real de forma óptima.

Para cumplir con este objetivo nació la informática de gestión y se implantaron los sistemas de gestión, para que las empresas puedan controlar, planificar, organizar y automatizar sus tareas más recurrentes.

Las principales ventajas de la implantación de herramientas de gestión en el seno de una empresa son las siguientes:

- **Centralización de la información.** Las herramientas de gestión permiten integrar múltiples procesos en una única plataforma, lo que facilita la centralización de la información. Esto significa que los datos críticos relacionados con diferentes áreas de la empresa, como recursos humanos, finanzas, producción y ventas, están disponibles en un único lugar, lo que mejora la accesibilidad y la visibilidad de la información.
- **Mayor eficiencia.** Al integrar procesos y sistemas, las herramientas de gestión pueden eliminar redundancias, simplificar flujos de trabajo y automatizar tareas rutinarias. Esto conduce a una mayor eficiencia operativa y un ahorro de tiempo, ya que los empleados pueden acceder fácilmente a la información que necesitan y realizar sus tareas de manera más rápida y efectiva.
- **Mejora de la comunicación y colaboración.** Las herramientas de gestión facilitan la comunicación y la colaboración entre diferentes departamentos y equipos dentro de la empresa. Al compartir una plataforma

común, los empleados pueden colaborar de manera más efectiva, compartir información y trabajar en proyectos coordinadamente, lo que fomenta un ambiente de trabajo colaborativo y aumenta la productividad.

● **Cumplimiento normativo.** Se suelen incluir herramientas y funcionalidades diseñadas para garantizar el cumplimiento de las regulaciones y normativas aplicables en diferentes áreas de la empresa, como seguridad laboral, protección de datos y medio ambiente. Esto ayuda a la empresa a cumplir con sus obligaciones legales y a mitigar el riesgo de sanciones y multas.

● **Mejora de la toma de decisiones.** Al proporcionar acceso a datos en tiempo real y análisis avanzados, las herramientas de gestión permiten a los directivos tomar decisiones más informadas y estratégicas. La disponibilidad de información precisa y actualizada facilita la identificación de tendencias, la evaluación del rendimiento y la formulación de estrategias para mejorar la competitividad y el crecimiento empresarial.

2.8. Identificación de ejemplos de gestión y planificación informatizada

Como ya se ha comentado en apartados anteriores, los sistemas de gestión son herramientas de gran utilidad, ya que permiten automatizar tareas arduas y rutinarias con la finalidad de facilitar el análisis de la información y, en consecuencia, la toma de decisiones.

Estos son algunos ejemplos de sistemas de gestión:

● *Enterprise resource planning* **(ERP).** Se utilizan para llevar a cabo una gestión integral de todos los procesos de una empresa, desde la facturación hasta la logística o los recursos humanos.

● **Sistemas de gestión de almacenes (SGA).** Son especialmente utilizados por empresas que tienen una cierta actividad logística, ya que están más especializados en la gestión de almacenes.

● **Sistemas de gestión documental (SGD).** Se ocupan de la gestión de los documentos de la empresa mediante la creación, el almacenamiento y la organización de un gran volumen de documentación (electrónica o física).

● *Business intelligence* **(BI).** Se orientan a la gestión y almacenamiento de un gran volumen de datos, además se servir de apoyo a la dirección en el proceso de toma de decisiones. Suelen ofrecerse de forma integrada a los ERP.

● **Gestión de procesos empresariales (BMP).** Se utilizan para gestionar, coordinar y secuenciar los distintos flujos de trabajo de la empresa.

Paquete *Sage*

La herramienta de gestión y planificación más utilizada en las empresas españolas (tanto grandes como pymes) es el paquete *Sage,* porque se puede personalizar y adaptar muy bien a la realidad comercial y administrativa de cada organización.

Algunos ejemplos de las aplicaciones más utilizadas dentro del paquete *Sage:*

- **Sage 50.** Se utiliza para llevar a cabo la contabilidad de la empresa, además de una gestión integrada para pymes y adaptable a las actividades de los distintos sectores económicos.
- **Sage 50c.** Es la evolución natural de *ContaPlus* y *FacturaPlus,* y la versión en la nube de *Sage 50.* Se utiliza para llevar la contabilidad y la facturación de pymes y autónomos.
- **Sage NominaPlus.** Se utiliza para gestionar de forma sencilla los procesos relacionados con la gestión de los recursos humanos de una empresa.
- **Sage HR.** Especialmente utilizada por empresas que trabajan en la nube, ya que es su plataforma de trabajo. Permite llevar a cabo la gestión automatizada de los recursos humanos (permisos, vacaciones, etc.).
- **Sage XRT Treasury.** Se utiliza para la gestión de la tesorería de la empresa, es decir, los pagos realizados a terceros y los cobros recibidos.
- **Sage Active.** Es una solución en la nube que permite a las pequeñas empresas registrar y controlar su actividad relacionada con sus ventas y su contabilidad.

3. Gestión de ficheros maestros I

 HILO CONDUCTOR

La globalización es un hecho hoy. Las empresas necesitan nuevas herramientas y aplicaciones informáticas que les permitan sobrevivir e incrementar su cuota de mercado, gracias al control exhaustivo de sus operaciones, ingresos y gastos, para así tener controlados en la medida de lo posible los imprevistos que puedan surgir.

De esta necesidad se ha dado cuenta Distribuciones Suárez, S. L. Una vez analizadas las ventajas y los inconvenientes de la implantación de un sistema informático de gestión, esta empresa ha optado por instalar y utilizar el paquete *Sage*.

Antes de profundizar en los procesos de creación de artículos, clientes, proveedores y cualquier tipo de operaciones, es necesario conocer el proceso para instalar el paquete *Sage 50*, tanto en su versión local como en su versión en la nube *(Sage 50c),* y conocer cómo funciona el entorno de la aplicación.

A continuación, vamos a explicar cómo se puede instalar y acceder a *Sage 50* y *Sage 50c,* además de configurarlo para comenzar a trabajar con sus ficheros maestros y sus operaciones.

3.1. Instalación de *Sage 50*

Antes de iniciar la instalación de *Sage 50* en el ordenador, es necesario descargar la aplicación y descomprimir los archivos de instalación.

Cuando ya se ha descomprimido el fichero de instalación en la carpeta, hay que hacer doble clic y ejecutar el fichero **Instalar:**

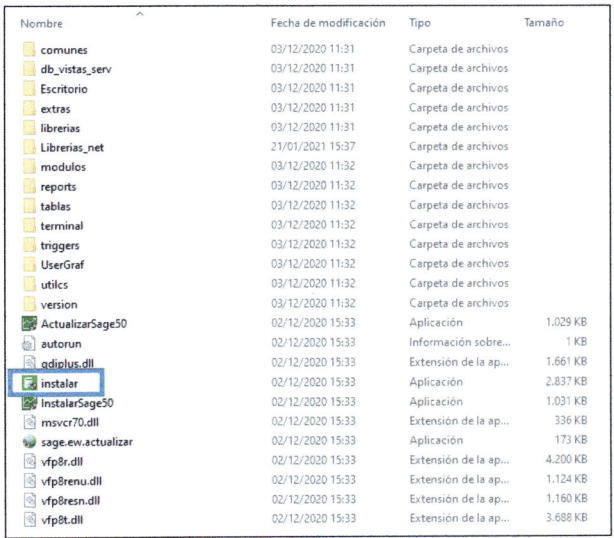

Ubicación del archivo Instalar en el directorio de Sage 50

Una vez ejecutado el fichero, aparece el asistente para la instalación. Hay que aceptar las condiciones que nos ofrece y, simplemente, seguir los pasos que nos va marcando para instalar *Sage 50* y desarrollar su configuración básica:

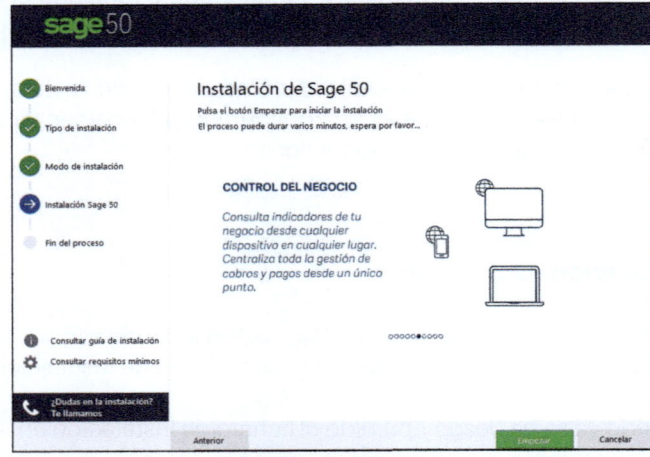

Asistente para instalar la aplicación Sage 50

IMPORTANTE

Sage 50 tiene una guía de instalación disponible en el asistente de instalación, que resuelve las dudas más frecuentes que pueden surgir en el proceso. Para acceder a la guía hay que seleccionar **Cambiar guía de instalación,** que se encuentra en la parte lateral izquierda del asistente.

Una vez terminada la instalación de *Sage 50,* podemos proceder a la configuración de sus parámetros principales, adaptándolos a las necesidades de cada organización, y dar de alta y añadir las empresas que van a gestionarse en la aplicación.

3.2. Instalación de *Sage 50c*

Como ya se ha mencionado anteriormente, *Sage 50c* es la versión en la nube de *Sage 50*, lo que implica que ambas aplicaciones tienen el mismo contenido. La única diferencia radica en que, mientras que *Sage 50* se utiliza para poder trabajar en un ordenador concreto, *Sage 50c* permite operar con la aplicación desde cualquier ordenador y desde cualquier parte, solo disponiendo de una conexión a internet.

Por ello, el proceso de instalación de *Sage 50c* es el mismo que en su versión en local.

 ## ACTIVIDAD COMPLEMENTARIA

3. Visita la página web oficial del paquete SAGE y averigua si existe la posibilidad de utilizar *Sage 50* y *Sage 50c* de forma simultánea.

https://redirectoronline.com/adgg000301

A continuación, reflexiona la siguiente pregunta:

Si ello fuese posible, ¿la información registrada en ambas aplicaciones se sincronizaría de forma automática?

3.3. Cómo crear una nueva empresa

Antes de proceder a la creación de una nueva empresa, es importante tener en cuenta que *Sage 50* opera con grupos de empresa, lo que implica que se ha de crear primero uno para, posteriormente, crear la empresa dentro de ese grupo.

Cuando se termina de instalar *Sage 50,* es la misma aplicación la que ofrece al usuario comenzar con la creación de una empresa dentro de un grupo nuevo de empresas:

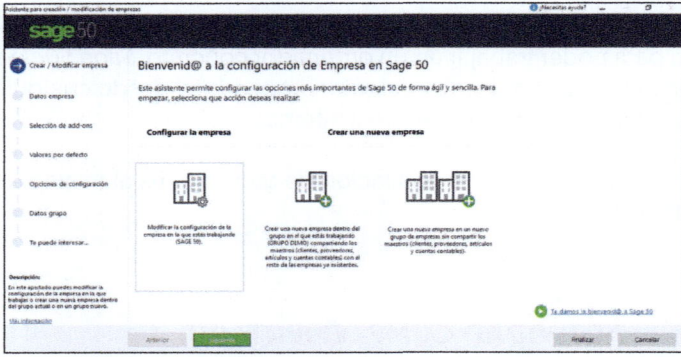

Asistente de creación de empresas y grupos de empresas en Sage 50

Simplemente haciendo clic en **Crear una nueva empresa,** aparecerá una ventana nueva, en la que hay que introducir los datos de la empresa que se está creando.

3.4. Creación de una empresa desde el escritorio de *Sage 50*

Una vez explicado el proceso de creación de una empresa desde el asistente de instalación, resulta importante mencionar que también es posible que se necesite crear una empresa en un momento posterior, cuando ya se opera con *Sage 50* con asiduidad.

Si se da este caso, hay que ir a **Selección de empresas** para crearla (esta opción está en el lateral izquierdo de la aplicación).

Creación de una empresa desde Sage 50

Si se pulsa en **Selección de empresas,** aparece una ventana con los datos de empresas que han sido creadas anteriormente en *Sage 50*. En esta ventana, el usuario puede consultar y modificar la información de las empresas ya creadas, crear una nueva o, incluso, seleccionar otra para registrar nuevos datos de esta.

En el caso de querer crear una empresa nueva, hay que hacer clic en **Nuevo:**

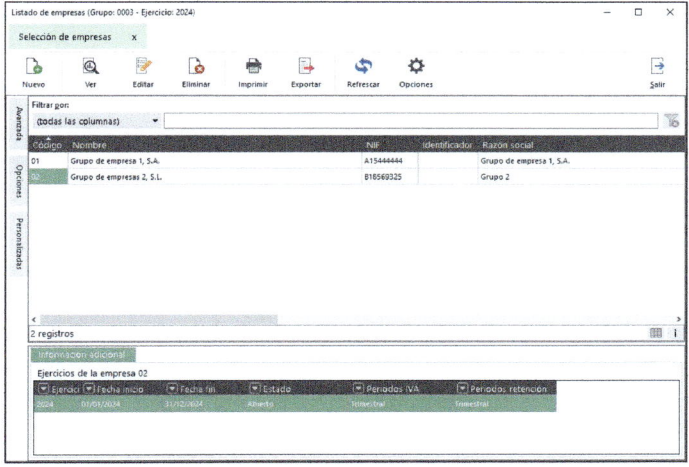

Listado de empresas

Si se observa la imagen, al pulsar en **Nuevo,** aparece la ventana **Mantenimiento de empresa,** en la que se ha de introducir, entre otra, la información siguiente:

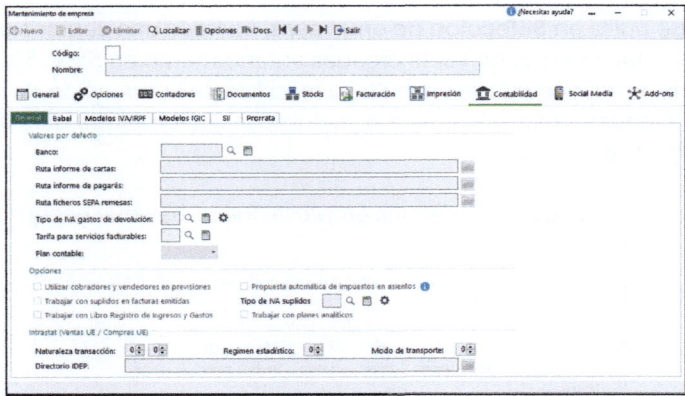

Mantenimiento de empresa

TAREA 1

La empresa Motores Nuevos, S. L. ha acudido a usted para registrar y controlar toda su actividad contable y comercial a través de un sistema informático de gestión. En la primera reunión, ha sugerido al administrador de la empresa utilizar el paquete *Sage 50* por su facilidad de utilización y la adaptación a la casuística de cada organización. Una vez decididos a utilizar esta aplicación, se le pide que cree en ella la empresa, considerando la siguiente información:

- Nombre: Motores Nuevos, S. L.
- NIF: B18652486
- La actividad de la empresa es la venta de repuestos de piezas de vehículos y el administrador es José Pérez Gómez.
- Razón social: Calle Guadix, parcela 155, polígono industrial Juncaril, C. P. 18220, Albolote (Granada).

- -

4. Gestión de ficheros maestros II

Una vez que hemos aprendido el proceso para instalar el paquete *Sage 50,* tanto en su versión local como en su versión en la nube *(Sage 50c),* a continuación vamos a conocer cómo funciona el entorno de trabajo de esta aplicación.

4.1. Gestión de internos

Cuando *Sage* estaba dividida en varias aplicaciones, entre ellas *ContaPlus* y *FacturaPlus,* había que emplear la primera para registrar la contabilidad y la segunda para registrar toda la operativa comercial.

Sin embargo, con el sistema integrado *Sage 50,* ya se pueden registrar todas las operaciones desde la misma aplicación, a través de distintos módulos ubicados en un mismo panel.

Sage 50 dispone de dos módulos predefinidos, que no se pueden alterar. Se trata de los siguientes:

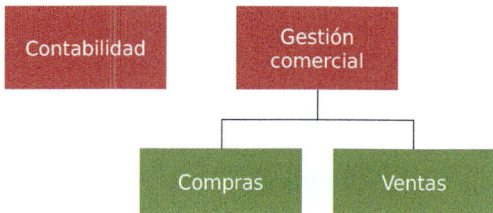

Para acceder a ellos hay que pulsar sobre el icono de tres líneas situado en la parte superior derecha de la pantalla principal:

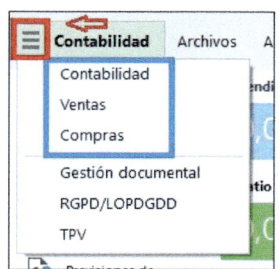

Módulos básicos de Sage 50

Los demás módulos que aparecen son de carácter optativo, el usuario puede añadirlos u ocultarlos.

En el centro del entorno de trabajo se ubica el Panel de bienvenida *Sage 50,* común en los módulos **Contabilidad** y **Gestión Comercial.**

No obstante, según el módulo con el que se opere, varía el contenido de ese panel (también llamado panel de herramientas) y el menú superior, adaptándose a las distintas funciones de cada módulo.

En las imágenes siguientes se pueden observar las diferencias del menú superior, atendiendo a la sección/módulo que se elija:

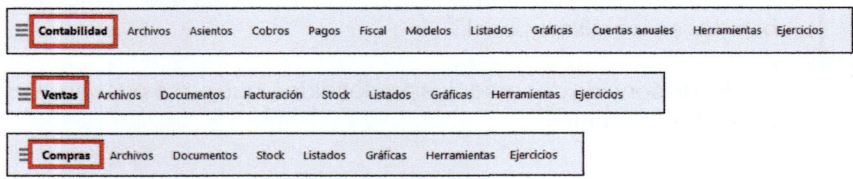

Así, prestando atención al entorno de trabajo, se puede observar claramente que la estructura básica del escritorio no se modifica, a pesar de que estemos trabajando en módulos distintos.

Las áreas en las que se divide el entorno de trabajo son las siguientes:

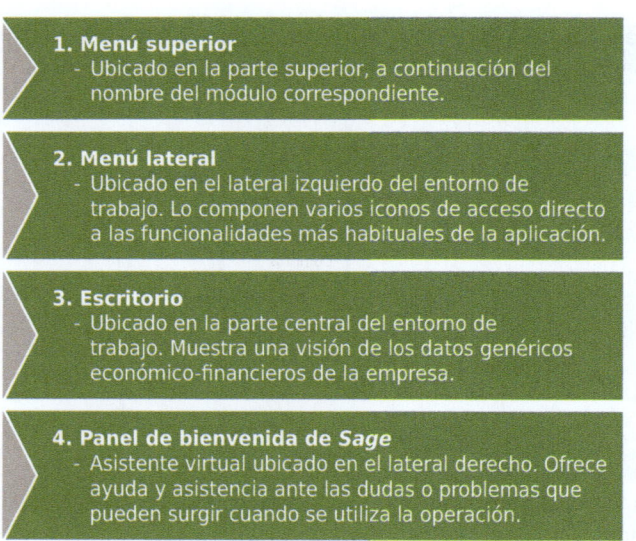

1. Menú superior
- Ubicado en la parte superior, a continuación del nombre del módulo correspondiente.

2. Menú lateral
- Ubicado en el lateral izquierdo del entorno de trabajo. Lo componen varios iconos de acceso directo a las funcionalidades más habituales de la aplicación.

3. Escritorio
- Ubicado en la parte central del entorno de trabajo. Muestra una visión de los datos genéricos económico-financieros de la empresa.

4. Panel de bienvenida de _Sage_
- Asistente virtual ubicado en el lateral derecho. Ofrece ayuda y asistencia ante las dudas o problemas que pueden surgir cuando se utiliza la operación.

Entorno de trabajo de Sage 50

En los siguientes apartados se van a explicar las funciones principales y los menús de *Sage 50,* con la finalidad de que se pueda llevar a cabo la gestión comercial de cualquier tipo de empresa de forma eficaz y eficiente.

 **APLICACIÓN PRÁCTICA**

En Marcos de Madera, S. A. han decidido empezar a registrar sus operaciones y trabajar con ellas en *Sage 50*. Francisco, su contable, no ha utilizado nunca esta aplicación y está tratando de familiarizarse con ella explorando sus menús. ¿Cuál de los siguientes menús no encontrará en el entorno de trabajo?

a. **Ventas**
b. **Impuestos**
c. **Contabilidad**
d. **Compras**

Solución

Sage 50, en su entorno de trabajo, dispone de los módulos de ventas, compras y contabilidad, de modo que el módulo que no existe es el de impuestos; de hecho, todos los trámites relacionados con impuestos se llevan a cabo en el módulo contabilidad.

4.2. Gestión de artículos

Antes de dar de alta a los proveedores y clientes con los que va a trabajar la empresa, se recomienda comenzar creando las fichas de los distintos artículos del catálogo con los que desarrolla su actividad comercial.

Para entender cómo se crean los artículos, hay que tener en cuenta que estos forman parte de una serie de subfamilias que, a la vez, constituyen una serie de familias.

Las familias se consideran la categoría más genérica de los artículos de la empresa.

 EJEMPLO

Una tienda de suministros de arte podría clasificar sus artículos en las siguientes familias:

- Pintura y lienzo
- Pinceles y herramientas
- Papel y blocs
- Material de manualidades

Dentro de cada familia, se podrían crear las siguientes subfamilias:

- Pintura y lienzo:

  · Óleos
  · Acrílicos
  · Lienzos
  · Paletas

- Pinceles y herramientas:

  · Pinceles finos
  · Brochas
  · Espátulas
  · Afiladores

Continúa en página siguiente >>

<< Viene de página anterior

- Papel y blocs:

  · Papel de acuarela
  · Blocs de dibujo
  · Papel de calco
  · Papel para origami

- Material de manualidades:

  · Arcilla
  · Fieltro
  · Abalorios
  · Tijeras de precisión

Siguiendo con el ejemplo anterior, se van a dar de alta las siguientes familias en la tienda de papelería:

Pintura y lienzo	Pinceles y herramientas	Papel y blocs	Material de manualidades

Para crear las familias, hay que pulsar el botón **Nuevo** en **Archivos →
Artículos → Familias.** Seguidamente, se podrá ver la ventana llamada
Mantenimiento de familias, en la que habrá que introducir toda la informa-
ción de las familias de productos que se van a crear:

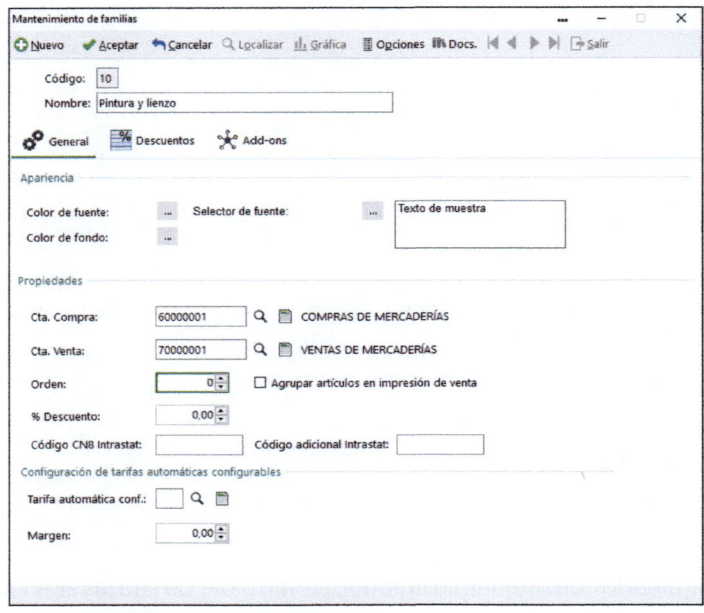

*Ventana **Mantenimiento de familias***

Hay que tener en cuenta que, para que se cree la familia y se almacene la información, se tiene que pulsar en **Aceptar;** de otro modo, la información se perdería.

Por otro lado, también existe la posibilidad de asociar a los artículos las cuentas contables que se van a utilizar para contabilizar sus ventas y sus compras. En el caso del ejemplo se han utilizado las siguientes cuentas genéricas:

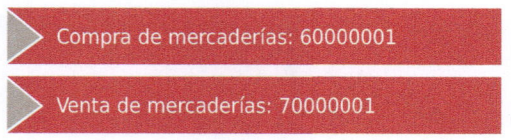

No obstante, también cabe la posibilidad de crear cuentas contables específicas para cada artículo, y así poder distinguir las entradas y salidas de cada producto de forma sencilla. Por ejemplo, se puede crear la cuenta **Compras de pintura y lienzo** y darle el código 60001000. Los últimos dígitos se podrían reservar para asignarlos a las subfamilias y a los artículos.

Una vez creadas las familias, estas aparecerán en la ventana de **Listas previas** con los códigos que se les han asignado anteriormente.

Una vez creadas las familias, ya se pueden dar de alta las subfamilias en **Archivos → Artículos → Subfamilias.**

A continuación, en la ventana **Mantenimiento de subfamilias** habrá que indicar cuál es la familia que va a contener la subfamilia que se va a dar de alta. Su funcionamiento es muy parecido a la ventana **Mantenimiento de familias.**

Siguiendo con el ejemplo, se van a crear las siguientes subfamilias:

Familias	Subfamilias
Pintura y lienzo	Óleos Acrílicos Lienzos Paletas
Pinceles y herramientas	Pinceles finos Brochas Espátulas Afiladores
Papel y blocs	Papel de acuarela Blocs de dibujo Papel de calco Papel para origami
Material para manualidades	Arcilla Fieltro Abalorios Tijeras de precisión

Si se crea la subfamilia "Papel de acuarela", dentro de la familia "Papel y blocs", la ventana **Mantenimiento de subfamilias** se mostraría como sigue a continuación:

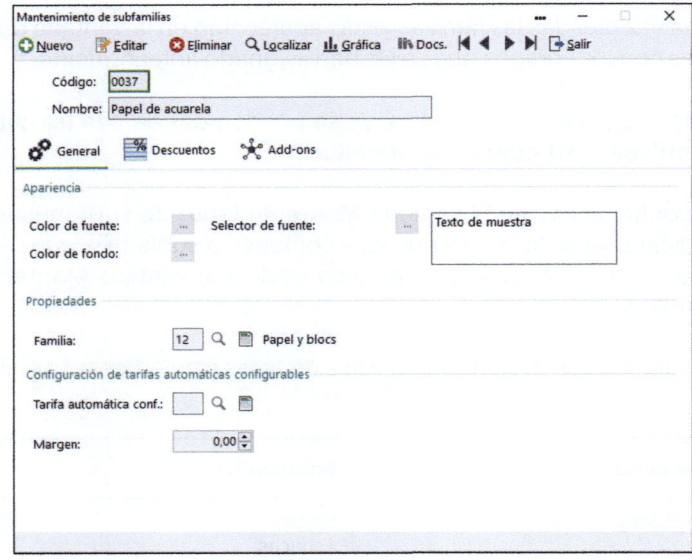

*Ventana **Mantenimiento de subfamilias**. Pestaña **General***

Una vez creadas todas las subfamilias de la familia "Papel y blocs", en la ventana **Mantenimiento de subfamilias** aparecería un listado con todas las subfamilias creadas:

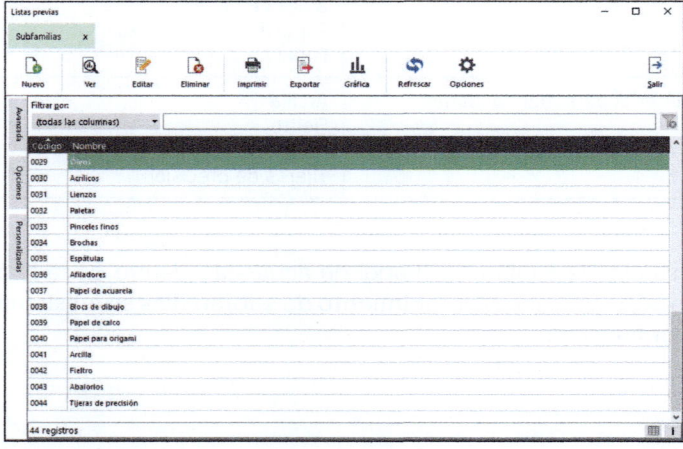

Listado de subfamilias dadas de alta

Cuando se hayan creado las subfamilias y las familias, ya pueden darse de alta los artículos. Para ello hay que pulsar en **Nuevo** siguiendo la ruta

Archivos → **Artículos** e introducir toda la información relacionada con los artículos que se estén creando.

Por ejemplo, va a darse de alta el artículo "Pincel plano de pelo sintético":

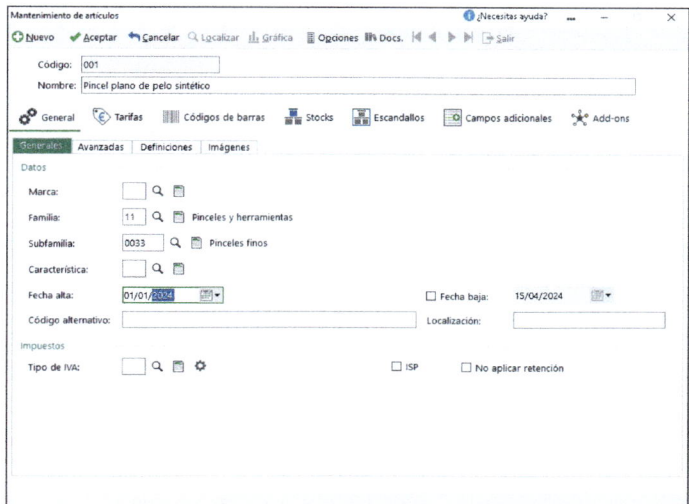

*Ventana **Mantenimiento de artículos**. Pestaña **Generales***

Para seguir con el ejemplo, se crearán adicionalmente los siguientes artículos:

Artículo	Familia	Subfamilia
Cuaderno de bocetos	Pincel redondo de pelo sintético	Set de pintura de doce colores
Papel de acuarela	Pinceles finos	Acrílicos
Papel y blocs	Pinceles y herramientas	Pintura y lienzo

Si se quiere crear el artículo "Cuaderno de bocetos", la ventana **Mantenimiento de artículos** se cumplimentaría como se muestra a continuación:

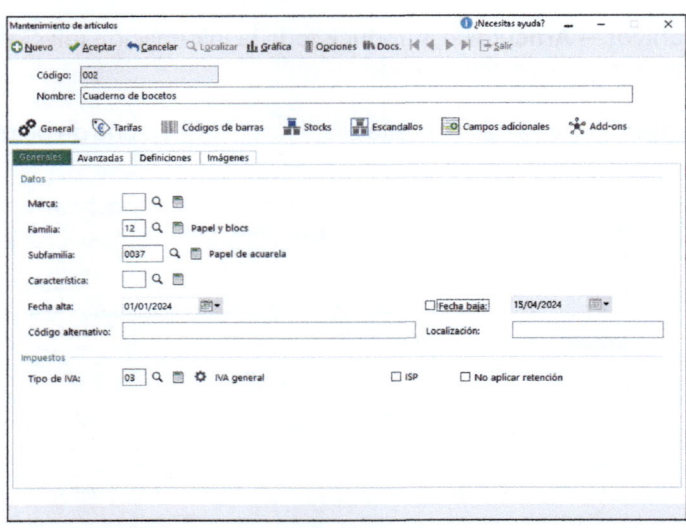

*Ventana **Mantenimiento de artículos.** Cumplimentación de los datos de un artículo*

Configuración de tarifas

El precio de un artículo es la contraprestación monetaria que paga el cliente a la empresa y que, por tanto, la empresa recibe por ello.

Dependiendo del tipo de cliente al que se esté vendiendo, cabe la posibilidad de que la empresa prefiera vender unos mismos productos a un precio mayor o a un precio menor, hecho que con *Sage 50* es posible estableciendo distintas tarifas de venta.

Para esto *Sage 50* dispone de tres tarifas distintas, según la forma en la que la empresa quiera calcular el precio de venta:

- ➲ **Tarifas manuales.** El usuario introduce el precio del artículo manualmente en cada uno de ellos.
- ➲ **Tarifas semiautomáticas.** Mientras que una parte del precio se introduce de forma manual, la otra parte del precio se calcula de forma automática, según una serie de pautas establecidas previamente.
- ➲ **Tarifas automáticas.** El precio se calcula de forma completamente automática, atendiendo a las pautas establecidas por el usuario de forma previa.

De este modo, es posible establecer una tarifa automática de venta para el grueso más abundante de clientes y otra según el cliente al que se esté haciendo la venta (otras empresas, minoristas, clientes con grandes volúmenes de compra, etc.).

Para crear los tipos de tarifas hay que ir a **Archivos → Artículos → Tarifas.** En la ventana emergente **Mantenimiento de tarifas**, se ha de hacer clic en **Nuevo** para dar de alta las tarifas deseadas.

Para explicar la creación de los tipos de tarifas, se va a seguir con el ejemplo de la unidad, creando las siguientes:

- ➲ **Tarifa genérica – TG (o tarifa base).** Se creará una tarifa genérica en la que el precio de venta se incrementará un 60 % sobre el precio de compra.
- ➲ **Tarifa para mayoristas – TE.** Se creará una tarifa genérica en la que el precio de venta se incrementará un 50 % sobre el precio de compra.
- ➲ **Tarifa para clientes especiales – TC.** Se creará una tarifa genérica en la que el precio de venta se incrementará un 40 % sobre el precio de compra.

Si se crea primeramente la tarifa genérica, hay que dirigirse a **Mantenimiento de tarifas,** accediendo a **Archivos → Artículos → Tarifas.**

Como se podrá observar en la imagen de la próxima pantalla, en la ventana **Mantenimiento de tarifas** se pueden configurar estos tres tipos de tarifa directamente y decidir otros aspectos de estas, por ejemplo:

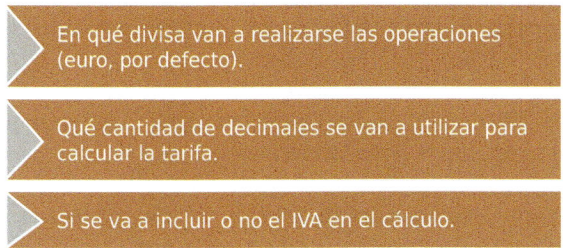

En qué divisa van a realizarse las operaciones (euro, por defecto).

Qué cantidad de decimales se van a utilizar para calcular la tarifa.

Si se va a incluir o no el IVA en el cálculo.

Como se ha indicado en la pantalla anterior, se va a dar de alta una tarifa. En este caso, la tarifa será automática, con un 60 % de beneficio sobre el precio de compra del artículo.

La ventana **Mantenimiento de tarifas** se mostraría como sigue:

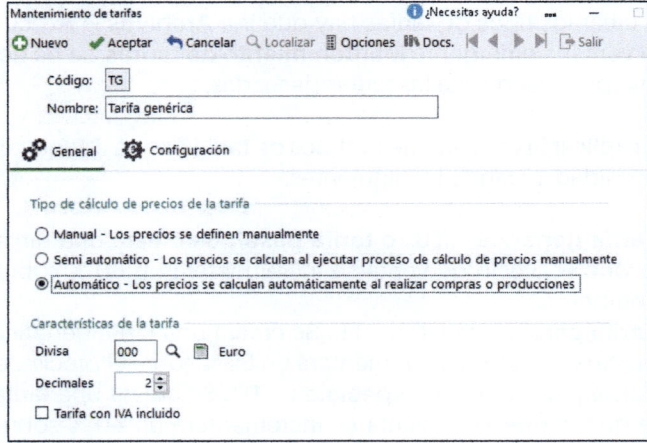

*Ventana **Mantenimiento de tarifas***

Como se puede ver en la imagen, se ha marcado la opción Automático en **Tipo de cálculo de precios de la tarifa.** Así, el precio se calcularía de forma automática en el momento de entrar la mercancía en los almacenes de la empresa.

Por ejemplo, si se realiza la compra de un artículo valorado en 50 € al proveedor, la aplicación calculará el 60 % de este precio de compra y se lo añadirá para calcular la tarifa de venta. El precio de venta sería, entonces, de 80 € (50 € + 30 €).

Haciendo clic en la pestaña **Configuración,** se podrán especificar el resto de las características de la tarifa de venta que se está creando.

En la pestaña **Configuración** hay que indicar que se desea añadir un 60 % sobre el precio de compra (tarifa base, en este caso), cumplimentándola como sigue:

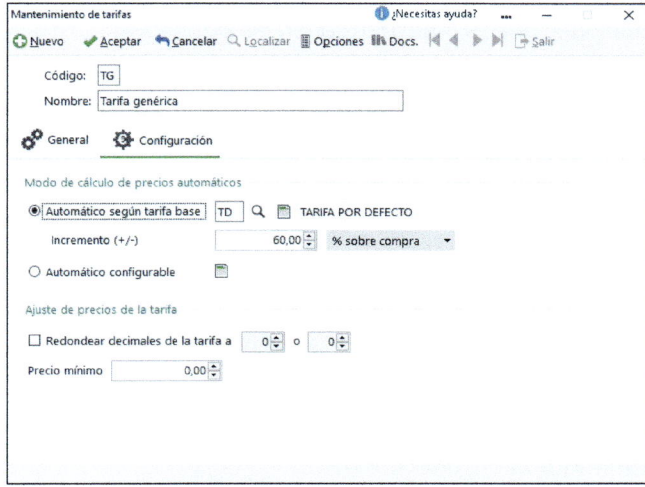

Ventana **Mantenimiento de tarifas.** Pestaña **Configuración**

Si se presta atención a la pestaña **Configuración,** se puede ver que es necesario cumplimentar los siguientes apartados:

Automático según tarifa base	**Incremento (+/-)**
- En este apartado hay que indicar tarifa por defecto (TD) que, en el ejemplo, se habrá introducido en cada artículo de forma manual. Al seleccionar **Automático** según tarifa base, la aplicación calculará el precio de venta de forma automática cada vez que haya alguna entrada de mercancía en el almacén, atendiendo al precio de compra de esta.	- En este apartado hay que indicar que este será de un 60 % sobre el precio de compra de la mercancía (pestaña ubicada a su derecha). Así, la tarifa se calculará de forma automática sobre la TD (tarifa por defecto) indicada anteriormente. Otras opciones también permiten el establecimiento de una tarifa específica sobre el precio de venta (en lugar del precio de compra) o, incluso, introducir un valor absoluto de forma manual.

Si se prefiere, en la misma pestaña se puede decidir cómo la aplicación redondeará el precio al calcularlo sobre la tarifa, en **Redondear decimales de la tarifa.**

Las opciones que se muestran serían las siguientes:

> **Redondear hacia el próximo superior:** si el precio es de 5,879 €, calculará un precio de 5,88 €.

> **Redondear hacia el próximo inferior:** si el precio es de 5,879 €, calculará un precio de 5,87 €.

> Seleccionar el número de decimales que se van a tener en cuenta para calcular el precio de venta.

Cómo asignar una tarifa a un cliente

Cuando se han creado los distintos tipos de tarifa, ya se puede asignar cada una de ellas a los clientes seleccionados. Hay que tener en cuenta que, si no se indica nada, *Sage 50* asignará al cliente la tarifa por defecto.

Siguiendo con el ejemplo de la unidad, se va a proceder a asignar la tarifa TE (tarifa para mayoristas) al cliente Suministros García, S. A.

Para asignar la tarifa hay que dirigirse a **Ventas → Archivos → Clientes → Clientes → Seleccionar cliente → Suministros García, S. A.,** para que se abra la ventana **Mantenimiento de clientes.** En la pestaña **Condiciones de pago,** se ha de elegir la opción **Configuración.**

En la pestaña **Condiciones de pago** se deberá rellenar el apartado **Tarifa** y seleccionar en ella la tarifa para empresas mayoristas **TE:**

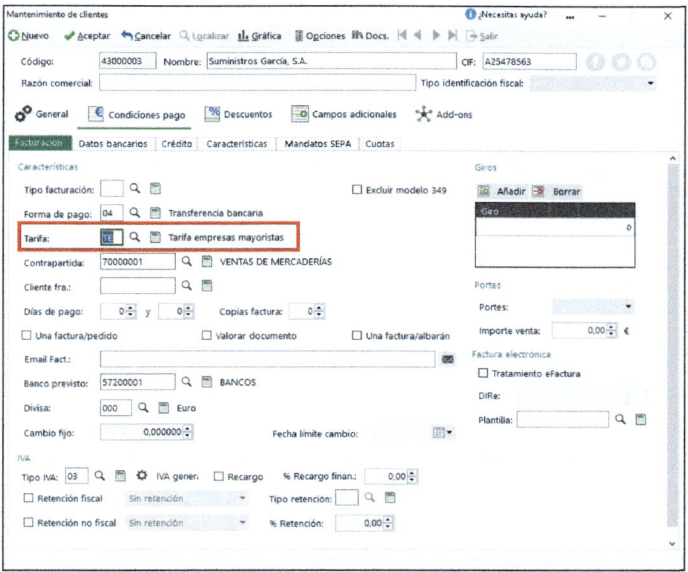

*Ventana **Mantenimiento de clientes**. Tarifa asociada a un cliente*

Cómo asignar cada tarifa a los distintos artículos

Del mismo modo que la aplicación permite asignar una tarifa concreta a un cliente determinado, también se puede asignar una tarifa de venta a los distintos artículos adquiridos; es decir, el precio, en lugar de ser determinado por el tipo de cliente, se establecería según el tipo de artículo que se esté vendiendo a los clientes.

Para ello, hay que dirigirse a **Archivos → Artículos → Artículos → Artículo** seleccionado y abrir la ventana **Mantenimiento de artículos →** Pestaña **Tarifas.**

En la siguiente imagen se puede ver cómo establecer una tarifa determinada en el artículo "Cuaderno para bocetos" que se ha creado anteriormente:

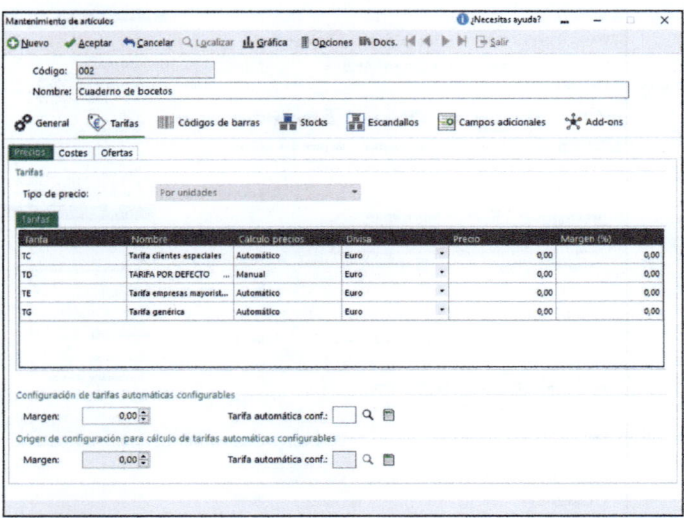

*Ventana **Mantenimiento de artículos**. Pestaña **Tarifas***

Como se puede ver en la imagen, la tarifa por defecto (TD) aparece automáticamente. Además, también se reflejan los distintos tipos de tarifa que el usuario ha creado.

Si se quiere asignar la tarifa al artículo, en una primera fase habría que indicar el precio inicial de venta, cumplimentando el apartado **Precio** y el resto de tarifas en la **Tarifa por defecto.**

Así, como se asignó el modo automático cuando se crearon las tarifas, si se cumplimenta el apartado **Precio,** las tarifas se actualizarán automáticamente.

Por ejemplo, si se indica un precio de compra del artículo de 10 € al "Cuaderno de bocetos", la ventana **Mantenimiento de artículos** quedaría así:

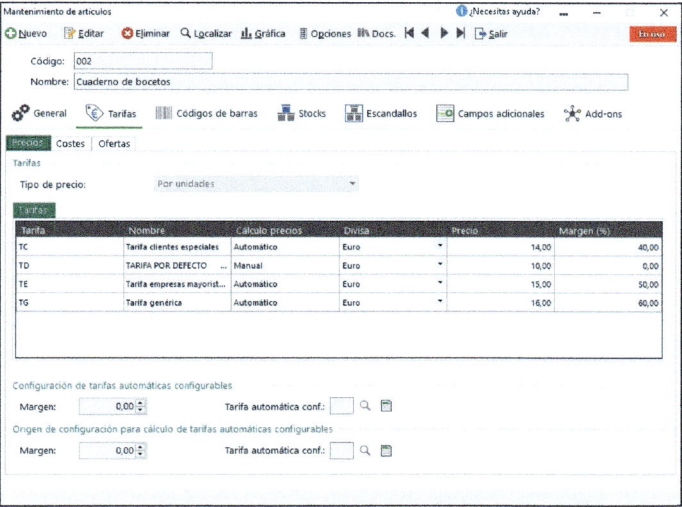

*Ventana **Mantenimiento de artículos.** Introducción del precio de compra*

Si se pulsa en **Aceptar,** se verá que la aplicación ha asignado de forma automática los precios sobre las distintas tarifas dadas de alta (incluida la tarifa por defecto).

 TAREA 2

A la empresa Cocina Profesional, S. A., que se ha especializado en la comercialización de utensilios destinados a la industria de la restauración, se le solicita que registre los siguientes artículos en el sistema de gestión *Sage 50:*

- Artículo: Horno industrial de convección - Familia: Equipamiento de cocina - Subfamilia: Hornos - Marca: Bosch
- Artículo: Amasadora - Familia: Equipamiento de preparación - Subfamilia: Batidoras amasadoras - Marca: Bosch

Explica qué procedimiento debería seguir para dar de alta a los artículos correspondientes.

4.3. Gestión de clientes

Los clientes son sin duda la piedra angular de cualquier tipo de empresa, por lo que la actividad comercial y la planificación económica y financiera de estas se centran específicamente en ellos.

En el contexto de las aplicaciones informáticas de gestión comercial, tratar a los clientes de manera adecuada implica manejar y mantener correctamente toda la información de las bases de datos de la empresa, además de actualizarla periódicamente para evitar errores y, en consecuencia, la pérdida de clientes.

Contar con una base de datos sólida y una gestión eficiente permite que la aplicación informática de gestión comercial se encargue de gran parte de los procesos contables, comerciales y financieros de la empresa. Esto incluye la generación de documentación necesaria como, por ejemplo, facturas de compra, facturas de venta, albaranes, presupuestos y correspondencia, entre otros.

Por todas estas razones, a continuación se explicará cómo crear y gestionar adecuadamente una base de datos de clientes, utilizando *Sage 50.*

Alta de clientes en *Sage 50*

Para dar de alta a un cliente en *Sage 50,* hay dos maneras:

> Accediendo a través del acceso directo ubicado en el lateral izquierdo de la aplicación.

> Seleccionando el módulo Ventas y dirigiéndose a **Archivos → Clientes → Clientes,** tal como se puede ver en la siguiente imagen:

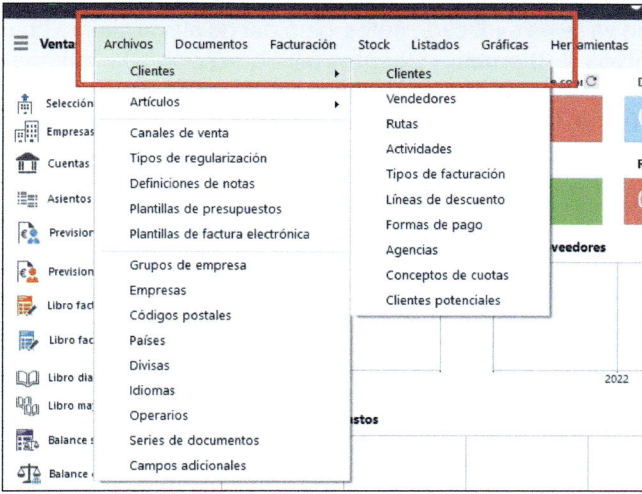

Archivos → Clientes → Clientes

Para que se pueda comprender mejor el funcionamiento de esta funcionalidad, en las pantallas siguientes se va a desarrollar un supuesto práctico en el que se va a dar de alta a un cliente.

En el supuesto práctico hay que crear un cliente en *Sage 50* con la siguiente información ficticia:

Nombre cliente:	Giraldo Hermanos, S. L.
Cuenta contable:	43000005
NIF:	B28325641
Nombre comercial:	Giraldo Brothers
Persona de contacto:	Ricardo Giraldo
Dirección:	Calle Mayor, 17. 28459 Madrid
Teléfono:	915784512
Correo electrónico:	info@giraldobrothers.com
Web:	www.giraldobrothers.com
IBAN:	ES75 2100 8765 4321 9876 5432
SWIFT/BIC:	CAIXESMMXXX
Forma de pago:	Transferencia bancaria

Como ya se ha explicado antes, para dar de alta al cliente hay que dirigirse a **Archivos → Clientes → Clientes** para que se abra la ventana **Clientes.**

Una vez en la ventana **Clientes,** habría que pulsar el botón **Nuevo.**

Nuevo

A continuación, se abrirá la ventana **Mantenimiento de clientes** y habrá que insertar todos los datos relativos al cliente que se esté creando.

En este caso, se introducirán los datos del cliente en **General → Datos de contacto,** como se puede ver en la siguiente imagen.

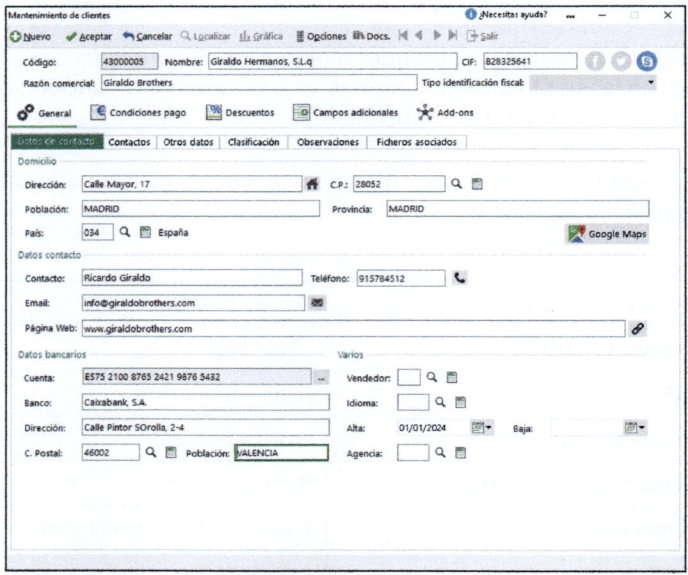

Ventana **Mantenimiento de clientes.** Pestaña **General**

También en la ventana **Mantenimiento de clientes,** pero dentro de la pestaña **Condiciones de pago,** habrá que introducir toda la información administrativa relacionada con los pagos y las cuentas contables que intervendrán en la venta de artículos al cliente que se está creando.

Dentro de la pestaña **Facturación** habrá que indicar las cuentas contables relacionadas con las operaciones que se van a desarrollar con el cliente, como podrían ser las siguientes:

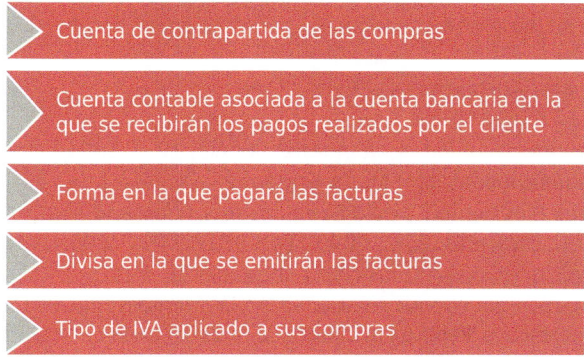

Cuenta de contrapartida de las compras

Cuenta contable asociada a la cuenta bancaria en la que se recibirán los pagos realizados por el cliente

Forma en la que pagará las facturas

Divisa en la que se emitirán las facturas

Tipo de IVA aplicado a sus compras

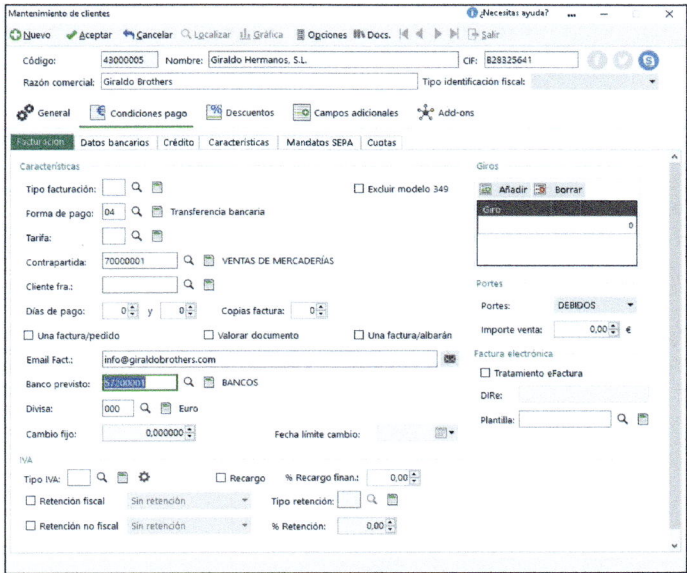

Ventana **Mantenimiento de clientes.** *Pestaña* **Condiciones pago**

 **TAREA 3**

La empresa Automóviles de Segunda Mano, S. A. ha registrado un nuevo cliente y desea incluirlo en su sistema. A continuación, se detallan los datos del cliente:

- Nombre: Autopartes del Éxito, S. A.
- NIF: B76543210
- Dirección: avenida de la Independencia, 123 - 28010 Madrid
- Persona de contacto: María Gutiérrez
- Correo electrónico: pedidos@autossegundamano.com
- Cuenta bancaria: ES12 0049 5678 9012 3456 7890
- Condiciones de pago: recibo bancario a 30 días.
- Los pagos del cliente se abonan en la cuenta 57200001.
- La mercancía vendida al cliente se registra en la cuenta 70000001 de Venta de repuestos.

Se solicita dar de alta al cliente en *Sage 50*.

4.4. Gestión de las formas de pago

Como se ha podido ir viendo en las distintas explicaciones y ejemplos, se puede asociar a cada proveedor una forma de pago distinta, según cómo la empresa vaya a pagar sus facturas de compra.

Para dar de alta una forma de pago de proveedores hay que acceder a **Archivos → Proveedores → Formas de pago,** dentro del módulo **Compras:**

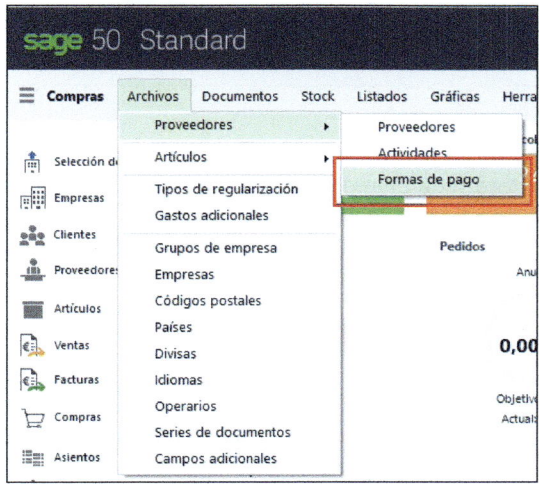

*Acceso a **Formas de pago***

A continuación, se abrirá la ventana de listas previas **Formas de pago,** en la que aparecerán las formas de pago ya creadas anteriormente.

Para crear una nueva forma de pago, bastará con pulsar en **Nuevo** y, en la ventana emergente, **Mantenimiento de formas de pago,** introducir toda la información relacionada con este.

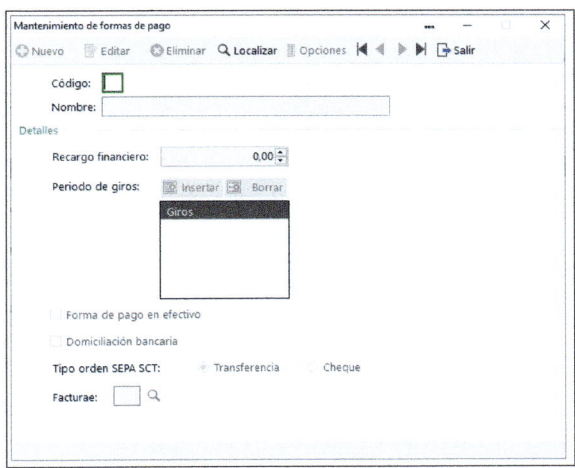

*Ventana **Mantenimiento de formas de pago***

IMPORTANTE

Según la forma de pago seleccionada se abrirá una ventana u otra, en la que se cumplimentará toda la información relacionada. Por ejemplo, si se selecciona **Domiciliación bancaria,** se abrirá una ventana en la que se tiene que escribir el número de cuenta en el que se cargarán los recibos del proveedor y las fechas de vencimiento, entre otros.

4.5. Gestión de las formas de cobro

Del mismo modo que sucede con los proveedores y sus formas de pago, se puede asociar a cada cliente una forma de cobro distinta, según cómo este va a pagar las facturas.

Para dar de alta una forma de pago de clientes hay que acceder a **Archivos** → **Clientes** → **Formas de pago,** dentro del módulo **Ventas.**

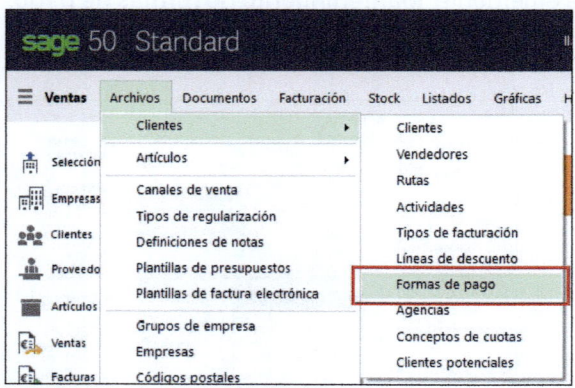

*Acceso a **Formas de pago,** a través de **Clientes***

A continuación, se abrirá la ventana de listas previas **Formas de pago,** en la que aparecerán las formas de pago ya creadas anteriormente.

Como se puede observar en la imagen, la ventana **Mantenimiento de formas de pago** es la misma para los cobros de los clientes que para los pagos de los proveedores.

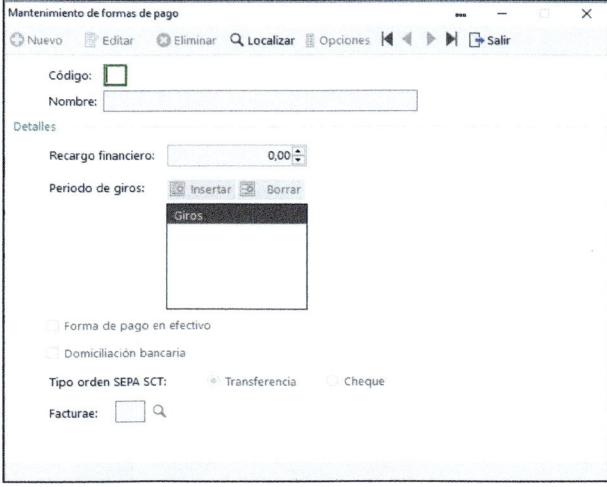

*Ventana **Mantenimiento de formas de pago***

Por ello, para dar de alta a una forma de cobro habrá que seguir el mismo procedimiento que para dar de alta a una forma de pago a un proveedor.

4.6. Gestión de externos

Una vez detallado con detenimiento cómo gestionar los ficheros maestros de los internos (artículos, clientes, formas de pago y cobro), ya podemos explicar cómo gestionar los ficheros maestros de los externos.

En este caso, vamos a proceder a explicar los dos externos fundamentales para toda operativa de cualquier tipo de empresa:

Bancos	Proveedores
- Se trata de instituciones financieras que se encargan de gestionar el dinero de sus clientes. Respecto a las empresas, los bancos son de gran utilidad porque son los que facilitan una gestión de la tesorería eficaz gracias a la administración eficiente de sus flujos de efectivo. Sus principales operativas son la gestión de cuentas corrientes y de ahorro, la emisión de transferencias electrónicas y la gestión de cobros y pagos.	- Los proveedores desarrollan un papel fundamental en el funcionamiento de cualquier tipo de empresa, ya que son los encargados de suministrar los productos y servicios necesarios para que las empresas puedan llevar a cabo sus operaciones comerciales y administrativas.

Una gestión adecuada de los proveedores es fundamental para garantizar que los productos que reciba la empresa tengan una calidad acorde con lo solicitado, tanto por la misma empresa como por sus clientes.

4.7. Gestión de bancos

La gestión de las cuentas bancarias de la empresa se realiza directamente desde el módulo **Contabilidad.** Si se quiere dar de alta a una nueva cuenta bancaria hay que ir a **Archivos → Cuentas bancarias** y pulsar en **Nuevo,** para que se abra la ventana **Mantenimiento de cuentas bancarias.**

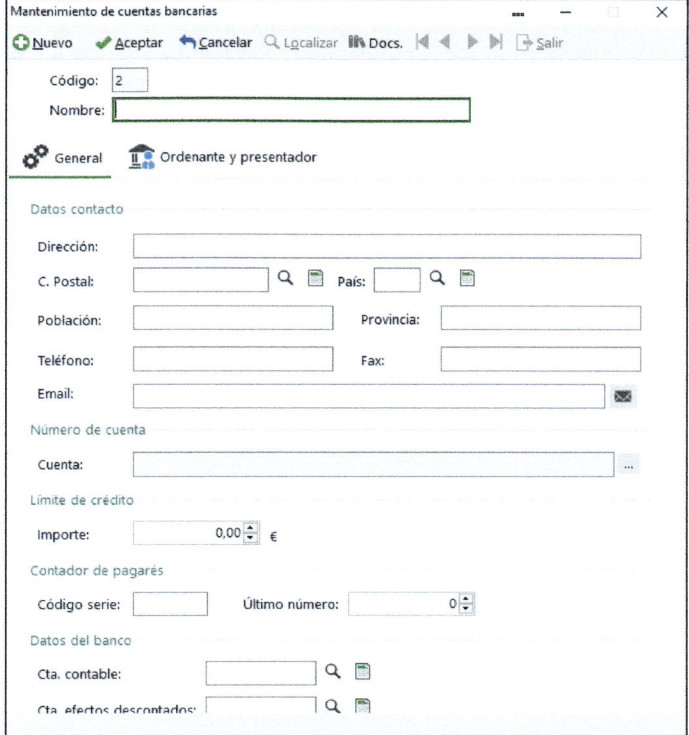

*Ventana **Mantenimiento de cuentas bancarias***

Como se puede ver en la imagen, simplemente hay que introducir los datos de la entidad bancaria a la que pertenece la cuenta, junto con los datos de esta y la cuenta contable a la que se quiere asociar. Además, también permite cumplimentar información complementaria como el código de serie de los pagarés (si se van a utilizar para realizar pagos) y el importe del límite de crédito (si se va a dar de alta una cuenta de crédito), entre otros.

4.8. Gestión de proveedores

El procedimiento para crear un proveedor en *Sage 50* es muy parecido a la creación de clientes en la aplicación. Para ello, hay que seleccionar el módulo **Compras** y dirigirse a **Compras → Archivo → Proveedores → Proveedores,** o bien pulsar directamente el botón **Proveedores,** que se encuentra en el lateral izquierdo de la aplicación.

Seguidamente, se abrirá una ventana con los proveedores que se han creado anteriormente en la aplicación. Si se quiere editar la información de algún proveedor que ya se haya creado antes, bastará con hacer doble clic sobre su nombre y pulsar en **Editar.**

Si, por el contrario, lo que se quiere es dar de alta a un proveedor nuevo, hay que hacer clic en el botón **Nuevo.**

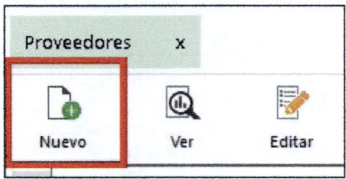

*Botón **Nuevo** en la pestaña **Proveedores***

A continuación, se abrirá la ventana **Mantenimiento de proveedores,** donde habrá que incluir toda la información referida al proveedor de que se disponga.

Para ejemplificar este proceso, se va a crear un proveedor con datos ficticios. Se dispone la siguiente información:

Nombre proveedor:	Productos del Hogar, S. A.
Cuenta contable:	40000004
NIF:	A18854698
Nombre comercial:	Productos del Hogar
Persona de contacto:	Luisa Sánchez
Dirección:	Avenida de la Innovación, 87. 18015 Granada
Teléfono:	958 77 99 17
Correo electrónico:	info@productoshogar.com
Web:	www.productosdelhogar.com
IBAN:	ES10 2100 9875 5047 1254 6987
SWIFT/BIC:	CAIXESMMXXX
Forma de pago:	Recibo domiciliado a 60 días
Entrega del pedido:	4 días hábiles

Siguiendo las explicaciones dadas en las pantallas anteriores, habrá que ir a **Compras → Archivos → Proveedores → Proveedores** para que se abra la ventana **Mantenimiento de proveedores,** en la que se tiene que completar toda la información del proveedor.

Continuando con el ejemplo, la ventana **Mantenimiento de productos** quedaría como se muestra en la siguiente imagen:

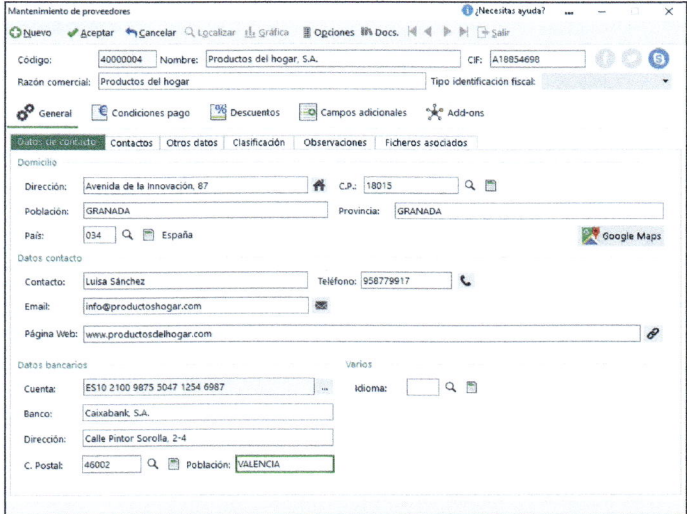

*Ventana **Mantenimiento de proveedores.** Pestaña **General***

La pantalla **Datos de contacto** es la pantalla principal y donde, por tanto, hay que introducir los datos básicos del proveedor, como los siguientes:

Una vez introducida la información general del proveedor en la pestaña **Datos de contacto,** hay seleccionar la pestaña **Condiciones de pago,** en la que, continuando con el ejemplo, se va a indicar que la forma de pago será un recibo domiciliado a 60 días y la entrega dentro de 4 días hábiles.

La pestaña **Condiciones de pago** se cumplimentaría como sigue:

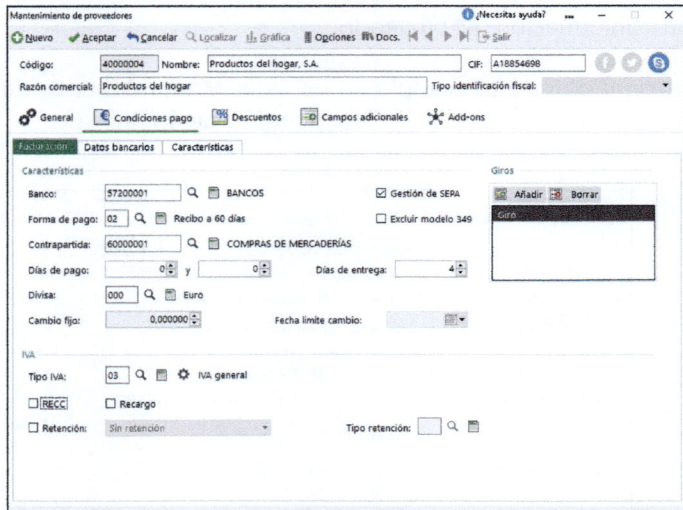

*Ventana **Mantenimiento de proveedores** (apartados que se deben rellenar con la información sobre las condiciones de pago del proveedor)*

Como se ve en la imagen de la pantalla anterior, se pueden agregar una serie de cuentas contables:

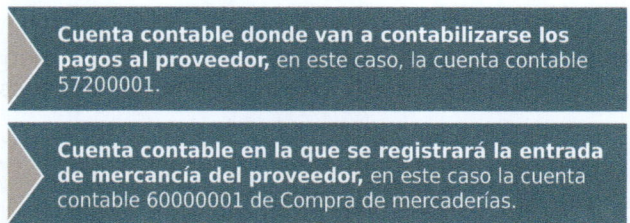

Cuenta contable donde van a contabilizarse los pagos al proveedor, en este caso, la cuenta contable 57200001.

Cuenta contable en la que se registrará la entrada de mercancía del proveedor, en este caso la cuenta contable 60000001 de Compra de mercaderías.

En esta pestaña también se pueden introducir otros datos del proveedor, por ejemplo los relacionados con el tipo de IVA de sus facturas. Eso sí, este tipo de información es más interesante cumplimentarla cuando va a haber varios proveedores que facturen con un mismo tipo de IVA.

Por otra parte, en la casilla **Divisa** se podrá detallar que el proveedor opera con una moneda distinta al euro y, además, podrá especificarse el tipo de cambio que utilizará la aplicación para contabilizar cualquier operación con el proveedor.

IMPORTANTE

En España, la contabilidad hay que llevarla en euros, lo que significa que, a pesar de realizar compras o ventas de mercancías en otras divisas, las facturas deberán contabilizarse en esta moneda. Por ello, en cada operación que se registre habrá que hacer el cambio de la divisa en cuestión a euros.

TAREA 4

La empresa Autopartes del Éxito, S. A. va a empezar a trabajar con un proveedor nuevo y quiere dar de alta su ficha en *Sage 50*. La información a introducir es la siguiente:

- Nombre: Tecnovelo, S. L.
- NIF: B28654291
- Domicilio: calle Goya, 78 - 28024 Madrid
- Persona de contacto: Pablo Rodríguez
- Correo electrónico: info@tecnovelo.com
- Cuenta bancaria: ES12 2100 6587 6987 1256 7890
- Condiciones de pago: recibo bancario a 30 días.
- Los pagos saldrán desde la cuenta contable 57200001.
- La entrada de las mercancías compradas se registran en la cuenta 60000001 de Compra de mercancías.

Se solicita crear al proveedor en *Sage 50*.

---

5. Resumen

Actualmente, debido a la gran cantidad de información que gestionan las empresas en su actividad diaria, la gestión empresarial ha requerido de sistemas informáticos para poder tratar la información de forma óptima y obtener datos útiles e interesantes para tomar decisiones estratégicas con acierto.

En esta unidad se ha explicado cómo realizar distintos procesos con *Sage 50,* uno de los sistemas informáticos de gestión más utilizados del mercado. Los procesos que se han explicado son los siguientes:

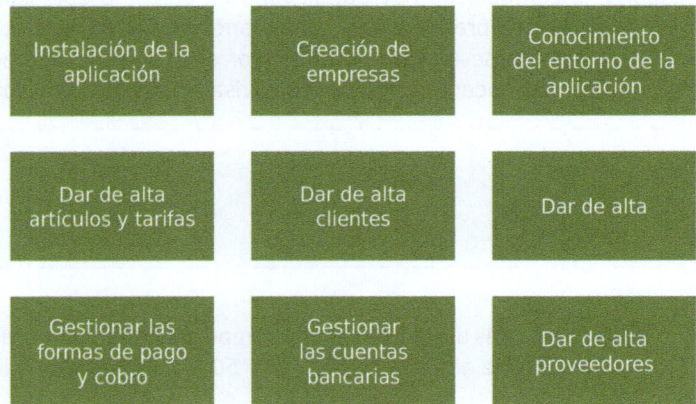

Ejercicios de autoevaluación
Unidad de Aprendizaje 1

1. **Indica cuál de las siguientes características no indica que la información es de calidad.**

   a. Precisión
   b. Oportunidad
   c. Disparidad
   d. Significatividad

2. **La _____ está formada por el conjunto de tecnologías de la información y sistemas informáticos utilizados para optimizar la gestión de los recursos y los procesos de las organizaciones.**

   a. informática de calidad
   b. informática de *marketing*
   c. informática de gestión
   d. informática de contabilidad

3. **Indica cuál de las siguientes no es una parte del Plan General Contable.**

   a. Normas de recapitulación
   b. Cuentas anuales
   c. Marco conceptual de la contabilidad
   d. Cuadro de cuentas

4. **Señala cuál de los siguientes no es una cuenta anual.**

   a. Balance
   b. Cuenta de situación
   c. Memoria
   d. Estado de flujos de efectivo

5. **Indica cuál de los siguientes no es un libro contable obligatorio para las empresas.**

   a. Libro diario
   b. Libro de ventas e ingresos

  c. Libro de compras y gastos
  d. Libro mayor

6. **Determina si la siguiente oración es verdadera o falsa: "La llevanza de la gestión de una empresa es un proceso dinámico que implica una serie de actividades clave, entre las cuales cabe destacar la planificación, la organización, la dirección y el control".**

  ■ Verdadero
  ■ Falso

7. **Indica cuál de las siguientes opciones no es una estrategia de identificación de dificultades.**

  a. Análisis de datos
  b. Encuestas y entrevistas
  c. Revisión de inmovilizado
  d. Evaluación del proceso

8. **Señala la opción incorrecta.**

  a. Si hay dos tareas que requieren el mismo tiempo, debe considerarse más urgente aquella cuya fecha límite sea anterior.
  b. Que se aplace la fecha límite de una tarea implica incrementar su urgencia.
  c. Si una tarea no tiene fecha límite, nunca se podrá considerar como urgente.
  d. Si una tarea finalmente supone más tiempo de lo previsto, ello implica aumentar su grado de urgencia.

9. **Determina si la siguiente oración es verdadera o falsa: "El cuadro de cuentas no es una parte obligatoria del Plan General Contable".**

  ■ Verdadero
  ■ Falso

10. **Indica cuál de las siguientes opciones no es un sistema de gestión.**

  a. *Enterprise resource planning*
  b. Sistema de gestión revisional

c. Gestión de procesos empresariales
d. *Business intelligence*

Planificación de ventas

Contenido

Objetivos

Los objetivos generales de esta Unidad de Aprendizaje son:

→ Conocer los protocolos y elementos que conforman una venta.

→ Aprender a prever y organizar los presupuestos y otros documentos relacionados con los análisis de los costes.

Los objetivos específicos de esta Unidad de Aprendizaje son:

→ Introducir en *Sage 50* toda la información relacionada con un proceso de ventas.

→ Elaborar informes e impresos para analizar la evolución de las ventas de una empresa.

→ Analizar la información contable y financiera de una organización para comprender su salud financiera.

→ Crear un pedido en *Sage 50*.

→ Crear en *Sage 50* un albarán a partir de un pedido.

→ Crear un listado de ventas por artículo en *Sage 50*.

1. Introducción

En el panorama empresarial actual, una adecuada planificación de todos sus procesos y, en especial, el proceso de ventas, se ha convertido en uno de los pilares fundamentales para el éxito de cualquier organización.

La interconexión entre los distintos mercados ha generado un entorno comercial altamente competitivo, donde la eficiencia y la precisión en la toma de decisiones resultan imprescindibles para lograr y mantener una ventaja competitiva.

En este contexto, la utilización de herramientas analíticas y estratégicas se vuelve esencial para comprender y anticipar las demandas del mercado, así como para evaluar la salud financiera de cualquier empresa. Para ello, se utilizan ratios económicos y financieros, que facilitan información crítica sobre el estado financiero de la organización, permiten establecer objetivos realistas y, en caso de detectar cualquier anomalía, implantar medidas correctivas.

A lo largo de esta unidad, se van a explicar los principales procesos que tienen que ver con las ventas y su registro en *Sage 50,* además de la elaboración de estadísticas e informes para evaluar su situación comercial y financiera en empresas como Suárez Distribución S. L., que ya ha comenzado a trabajar con esta aplicación y necesita conocer cómo está funcionando su actividad comercial.

2. Gestión de ventas I

☞ HILO CONDUCTOR

En Suárez Distribución, S. L. han implantado un sistema informático integrado de gestión y van a comenzar a comercializar sus productos. Para ello, van a utilizar *Sage 50,* con la que, una vez dados de alta los productos y los proveedores, registrarán todos los presupuestos, pedidos, albaranes y facturas, y crearán informes de ventas para conocer su evolución.

Aunque la gran mayoría de procesos que intervienen en el funcionamiento de una organización son relevantes, la gestión de las ventas de la empresa es de especial importancia, ya que, sin ventas, no hay rentabilidad, ni ingresos ni, por tanto, sostenibilidad financiera.

Además, la planificación de ventas es esencial para establecer objetivos claros, optimizar recursos, identificar oportunidades, mejorar la previsión, optimizar la estrategia de ventas y evaluar el rendimiento del equipo, lo que ayuda a garantizar el éxito, tanto a largo plazo como a corto plazo, y el crecimiento sostenible de la empresa.

Las ventas, para que promuevan un crecimiento sostenido de la empresa, deben adaptarse a la demanda del mercado.

Una correcta planificación de las ventas es fundamental por muchas razones. Las más relevantes son las siguientes:

- ⮑ **Establecimiento de objetivos claros.** La planificación de ventas permite establecer objetivos específicos y medibles para el equipo de ventas. Estos objetivos proporcionan una dirección clara y ayudan a enfocar los esfuerzos en áreas prioritarias.
- ⮑ **Optimización de recursos.** Una planificación adecuada ayuda a asignar recursos de manera eficiente, incluyendo personal, tiempo y presupuesto. Esto asegura que los recursos estén alineados con los objetivos de ventas y se utilicen de manera óptima.
- ⮑ **Identificación de oportunidades de negocio.** Al analizar el mercado y las tendencias, la planificación de ventas ayuda a identificar oportunidades de crecimiento y desarrollo de nuevos mercados o segmentos de clientes.
- ⮑ **Mejora en las previsiones.** Al prever la demanda y las tendencias del mercado, la planificación de ventas ayuda a evitar sorpresas y a prepararse para posibles cambios en el entorno empresarial.
- ⮑ **Optimización de la estrategia de ventas.** La planificación de ventas permite desarrollar estrategias efectivas para alcanzar los objetivos,

incluyendo la segmentación de clientes, la fijación de precios, la distribución y la promoción.

⊃ **Evaluación del rendimiento.** Al establecer objetivos cuantificables, la planificación de ventas facilita la evaluación del rendimiento del equipo de ventas y la identificación de áreas de mejora.

2.1. Realización de ventas, pedidos, albaranes y facturas

Evidentemente, la finalidad de toda empresa es comercializar sus productos y entregarlos en condiciones adecuadas. El departamento de distribución es el que debe gestionar todo el proceso de entrega y diseñar una estrategia adecuada para que los clientes (otras empresas o clientes finales, por ejemplo) puedan recibir correctamente los productos que han adquirido. Todo ello en condiciones óptimas y en un plazo aceptable.

El registro de todas las operaciones relacionadas con la venta y entrega de los productos también puede registrarse y analizarse a través de *Sage 50.*

Concretamente, en el menú **Ventas** se pueden encontrar las principales funcionalidades relacionadas con estos procesos:

⊃ **Pedidos de clientes.** Documentos generados cuando el cliente hace un pedido a la empresa.
⊃ **Albaranes de clientes.** Documentos generados cuando el pedido ya está listo para enviarlo al cliente. Se trata de los documentos que justifican el contenido que forma parte del pedido, tanto en términos de calidad como de cantidad.
⊃ **Facturas a clientes.** Documentos de carácter oficial que contienen los artículos que han sido entregados al cliente. Es indispensable que cumplan con una serie de requisitos formales.

Pedidos de clientes

Los pedidos de clientes son una solicitud de suministro de un artículo o producto por parte de los clientes y que suele gestionarse por el departamento de ventas/distribución de una empresa.

Lógicamente, un pedido de un cliente supone una disminución del *stock* disponible en el almacén del producto o productos solicitados por el cliente, ya que hay una salida de los mismos a medida que los distintos clientes hacen sus pedidos.

Para crear un pedido de clientes en *Sage 50* hay que ir a la siguiente ruta del módulo **Ventas: Ventas → Documentos → Pedido.**

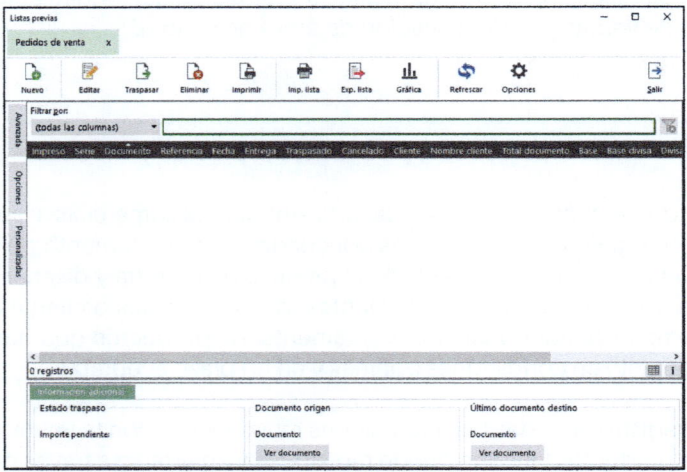

*Ventana **Listas previas (Pedidos de venta)***

Siguiendo la ruta que se ha indicado en la pantalla anterior, se abrirá la ventana **Listas previas** de **Pedidos de ventas.** Para crear un nuevo pedido, habrá que pulsar el botón **Nuevo** en esta pantalla.

Una vez pulsado el botón, aparecerá una ventana nueva, **Pedido de venta,** con el aspecto que se muestra en la siguiente imagen:

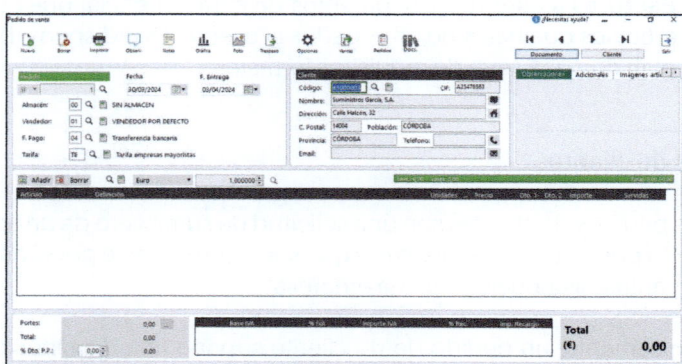

Pedido de venta

En la ventana **Pedidos de venta** es donde habrá que introducir toda la información relativa al pedido que ha realizado el cliente. En la parte superior se puede observar la cabecera del pedido, en la que consta el número de pedido generado automáticamente. Habrá que rellenar solamente las casillas siguientes:

Las casillas **Forma de pago, Almacén** y **Tarifa** se rellenarán por defecto al indicar el cliente que ha realizado el pedido, ya que se trata de información que se cumplimentó en su día cuando se dio de alta el cliente en su ficha correspondiente.

No obstante, si se quiere modificar algún dato del cliente por cualquier razón, el programa permite modificar la información manualmente en el mismo pedido.

 IMPORTANTE

Hay que tener en cuenta que, si se cambia información del cliente, predefinida anteriormente, en el momento de dar de alta un pedido nuevo se volverán a rellenar las casillas por defecto, con la información que consta en la ficha del cliente.

Por ello, si hay que modificar alguna información relevante del cliente que, además, va a perdurar durante algún tiempo (por ejemplo, la forma de pago de las facturas), se recomienda modificar la ficha del cliente en lugar de cambiar la información manualmente en todos los pedidos, para reducir al máximo la probabilidad de error.

Para una mejor comprensión del apartado, se va a crear un pedido de ejemplo con la siguiente información:

⊃ **Fecha de pedido: 30/03/2024**

- 20 cuadernos de bocetos a 10 € la unidad.
- 15 pinceles redondos de pelo sintético a 2,50 € la unidad.

◑ El cliente recibirá el pedido el día 03/04/2024.
◑ El pedido saldrá del Almacén 00 que ya está creado por defecto en la aplicación.
◑ Cliente: Suministros García, S. A., creado en la unidad 1.

A continuación, se puede ver cómo quedarían cumplimentados los datos generales del pedido referentes al cliente, almacén, fecha de pedido y fecha de entrega.

Estos datos quedarían registrados como se muestra en la imagen siguiente:

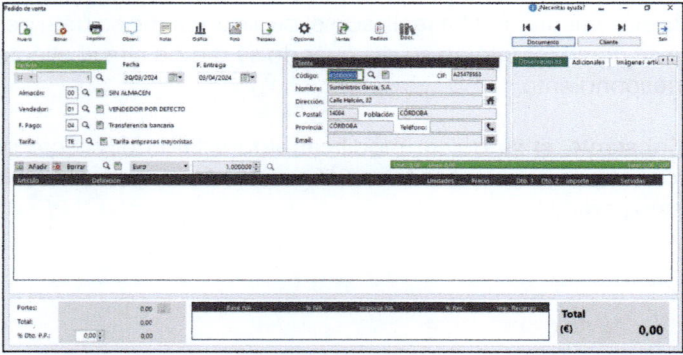

*Ventana **Pedido de venta** con los datos del cliente que hace el pedido*

Como se puede observar en la imagen de la pantalla anterior, las casillas con los datos del cliente, del almacén en el que están los productos, la fecha de pedido y la fecha de entrega ya están cumplimentadas.

Así, una vez insertada la información general del pedido, ya solo quedaría agregar los artículos que formarán parte de este.

Para ello, hay que pulsar el botón **Añadir** e introducir toda la información de los artículos que ha pedido el cliente, de la forma que se muestra en la siguiente imagen:

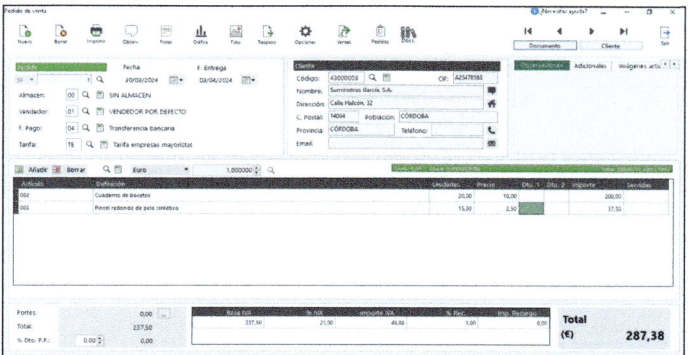

*Ventana **Pedido de venta** con los artículos agregados*

Hay que tener en cuenta que el apartado *Precio* quedará cumplimentado automáticamente por defecto con los precios que se hayan grabado en la ficha del artículo y en la tarifa que se asignó al cliente en el momento de su creación.

De este modo, igual que en el caso de los datos generales del cliente, en este caso también pueden modificarse los precios manualmente.

Así, una vez introducida toda la información relativa al pedido, este ya quedará creado. No obstante, hay que destacar que, aunque en el caso del ejemplo esta información ha quedado cumplimentada por defecto, los datos de la ventana **Pedido de venta** también pueden ser modificados por el vendedor que registra el pedido.

De este modo, *Sage 50* permite que varios vendedores utilicen la aplicación, que cada uno de ellos registre los pedidos que ha vendido e, incluso, que cada vendedor tenga asignada una comisión por ventas distinta.

 SABÍAS QUE...

Sage 50, además de crear pedidos y albaranes de clientes, también permite crear presupuestos iniciales y, posteriormente, traspasarlos a un pedido, a un albarán o a una factura. Si el presupuesto no se materializa, con no traspasarlo sería suficiente.

ACTIVIDAD COMPLEMENTARIA

4. Investiga cómo se crean pedidos en *Sage 50*. Averigua si es posible introducir más unidades de un artículo de las disponibles en un pedido de venta. ¿Cuáles serían las consecuencias?

Creación de albaranes de clientes

Cuando la empresa ha recibido y registrado en *Sage 50* el pedido de un cliente, hay que prepararlo y enviarlo a través de su sistema logístico.

Todos los pedidos de venta (los pedidos de los clientes) deben ir acompañados de un albarán, en el que consten todos los productos que se están enviando para justificar su salida del almacén.

Así, para crear un albarán de venta, habría que seguir la siguiente ruta: **Ventas → Documentos → Pedidos.**

A continuación, se abrirá la ventana **Listas previas (Pedidos de venta),** en la que habrá que seleccionar el pedido de venta a partir del cual se va a crear el albarán.

IMPORTANTE

Cabe la posibilidad de que la empresa tenga registrados varios pedidos de un mismo cliente y que, incluso, existan registrados pedidos más antiguos que aún no estén listos para ser suministrados.

Por ello, hay que tener cautela en el momento de crear el albarán y marcar correctamente el pedido que contiene la mercancía que se va a enviar, para evitar problemas de *stock* o discrepancias entre lo que se suministra y lo que ha solicitado el cliente en su pedido.

Siguiendo con el ejemplo de la unidad, el pedido del ejemplo se mostrará tal y como sigue en la ventana **Listas previas (Pedidos de venta):**

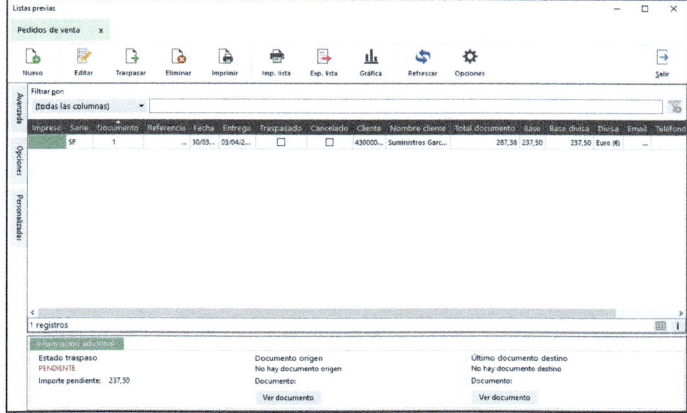

*Ventana **Listas previas (Pedidos de venta)***

Como se muestra en la imagen, la casilla **Traspasado** aparece desmarcada y el apartado *Estado traspaso* aparece como *PENDIENTE.* Esto significa que hay un pedido del cliente creado pendiente de ser traspasado a un albarán.

De este modo, habría que seleccionar el pedido que se va a traspasar al albarán en la ventana **Listas previas (Pedidos de venta)** y pulsar el botón **Traspaso:**

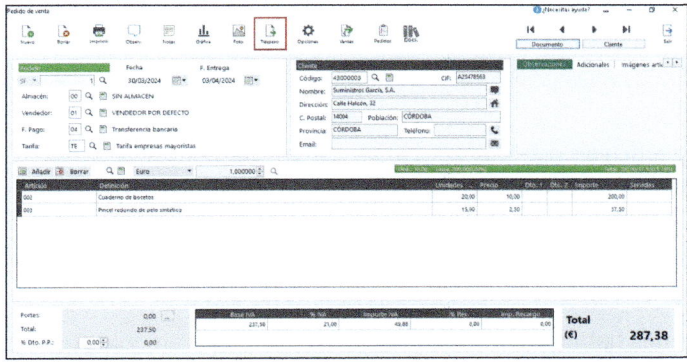

*Botón **Traspaso***

Al seleccionar el botón **Traspaso,** se abrirá otra ventana, **Traspaso de pedido de venta a albarán de venta,** donde habrá que seleccionar aquellos artículos que formarán parte del albarán de venta que se va a crear.

Si se introducen los datos facilitados en el ejemplo, la ventana **Traspaso de pedido de venta a albarán de venta** quedaría como se ve en la siguiente imagen:

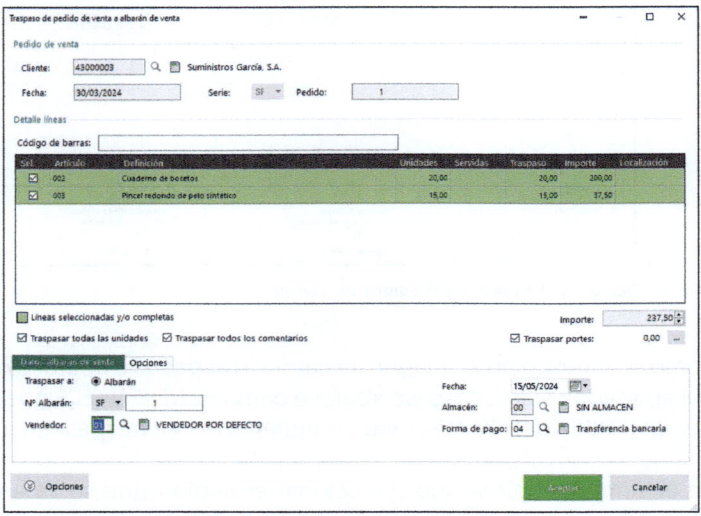

Traspaso de pedido de venta a albarán de venta

SABÍAS QUE...

Los artículos seleccionados para ser traspasados al albarán de venta están marcados en verde, lo que facilita su identificación y previene de la comisión de errores.

Lo más habitual es que se traspasen todos los artículos del pedido al albarán, pero no siempre es así; de hecho, el cliente puede decidir finalmente que no quiere determinados artículos, que quiere menos de los que pidió o, incluso, que quiere posponer su entrega para un momento posterior.

Sage 50 permite traspasar al albarán solo una parte de los artículos del pedido no solo en los casos mencionados anteriormente, sino también en aquellos casos en los que el pedido contiene más unidades de las disponibles en el almacén. Aquí la empresa puede contactar con el cliente y acordar con él la entrega de las unidades disponibles para solucionar su urgencia y decidir en un futuro qué hacer con el resto de unidades pendientes.

De este modo, en los casos en los que solo se va a traspasar una parte de los artículos, se puede modificar la cantidad de un determinado artículo que se va a traspasar al albarán o, incluso, desmarcar determinados artículos del pedido que no se van a traspasar.

IMPORTANTE

Además de modificar los artículos que se van a traspasar de un pedido a un albarán, también podrán modificarse otros aspectos sobre el pedido o, incluso, sobre el cliente.

Por ejemplo, se puede modificar el precio de los artículos (uno, todos o varios), la forma en la que el cliente va a pagar, el vendedor que tramita el pedido o, incluso, añadir portes de envío al pedido que se va a suministrar.

Una vez seleccionados todos los artículos que van a traspasarse del pedido al albarán en la ventana **Traspaso de pedido de venta a albarán,** solo quedará pulsar el botón **Aceptar** para que el pedido quede traspasado y el albarán creado.

Si este proceso se ha realizado correctamente, debería aparecer una ventana emergente en la que consten el número y la serie del albarán que se acaba de crear.

La ventana sería la que se muestra en la imagen siguiente:

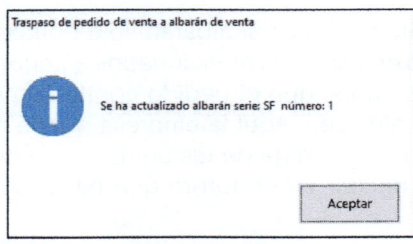

Ventana emergente con la serie y el número de albarán que se acaba de crear

 APLICACIÓN PRÁCTICA

José es el encargado de contabilizar las operaciones comerciales de la organización en una aplicación de gestión integrada, en este caso *Sage 50*. Recientemente registró un pedido de un cliente y ahora necesita crear el albarán.

Una vez introducidos todos los datos del albarán en la ventana Traspaso de pedido de compra a albarán de compra y habiendo pulsado en el botón Aceptar, necesita saber con más precisión si ha traspasado correctamente el pedido. ¿Qué información debería mostrar la ventana emergente para confirmar el traspaso del pedido a un albarán?

Solución

Si se ha introducido la información en la ventana **Traspaso de pedido de albarán de compra** correctamente, al pulsar en **Aceptar** deberá mostrarse un mensaje emergente con la siguiente información:

* Número de albarán
* Código del proveedor asignado al albarán

TAREA 5

La empresa Gastronomía y Equipamiento, S. L. ha recibido un pedido de Utensilios de Cocina, S. A. que contiene la siguiente información:

Continúa en página siguiente >>

<< Viene de página anterior

- Fecha de pedido: 20/05/2024.
- 20 sartenes antiadherentes de 26 cm a 15 € cada una.
- 35 cuchillos de chef de acero inoxidable a 20 € cada uno.
- El cliente recibirá el pedido el 25/05/2024.
- La mercancía saldrá del Almacén 01 (por defecto).
- Cliente: Utensilios de Cocina, S. A.

Indica qué hay que hacer para crear el pedido.

Una vez se ha finalizado el proceso de creación del albarán y se ha pulsado en **Aceptar** en la ventana emergente, el albarán quedará generado correctamente.

No obstante, si no se está seguro, se puede comprobar si se ha generado y la información introducida accediendo al pedido en **Ventas** → **Documentos** → **Pedido** → **Seleccionar pedido.**

Si en mitad del pedido aparece el mensaje **Traspasado,** esto significará que el albarán se ha generado correctamente y que se podrá crear la factura correspondiente cuando el usuario quiera.

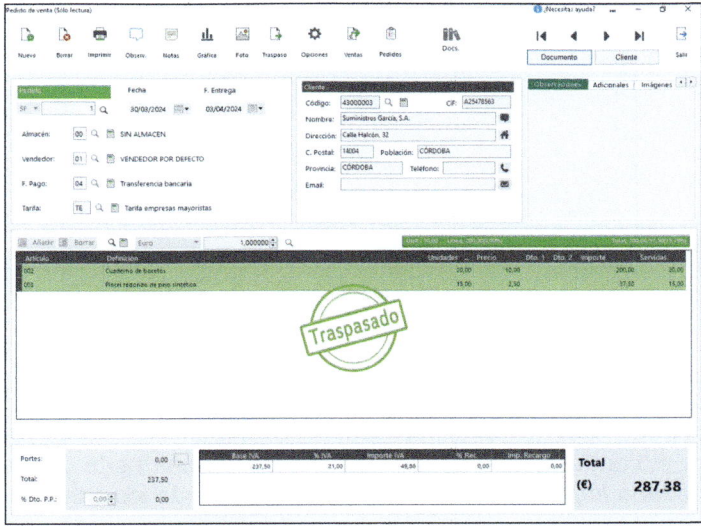

*Ventana **Pedido de venta** en la que consta la rúbrica **Traspasado***

ACTIVIDAD COMPLEMENTARIA

5. Investiga sobre cómo se crean los albaranes en *Sage 50* en el caso de una empresa que ha creado un pedido, pero, al no disponer de unidades suficientes, no puede traspasar el pedido completo a un albarán.

En este caso, el albarán se crearía solo con la parte correspondiente de los artículos disponibles. Averigua si sería posible crear posteriormente otro albarán con los artículos que quedaron pendientes de traspasar en el albarán anterior.

También se podría consultar en la ventana **Listas previas (Pedidos de ventas),** donde debe aparecer marcada la casilla *Traspasado.* En la casilla *Estado del pedido* debe mostrarse el mensaje *TOTAL,* como se puede observar en la imagen siguiente:

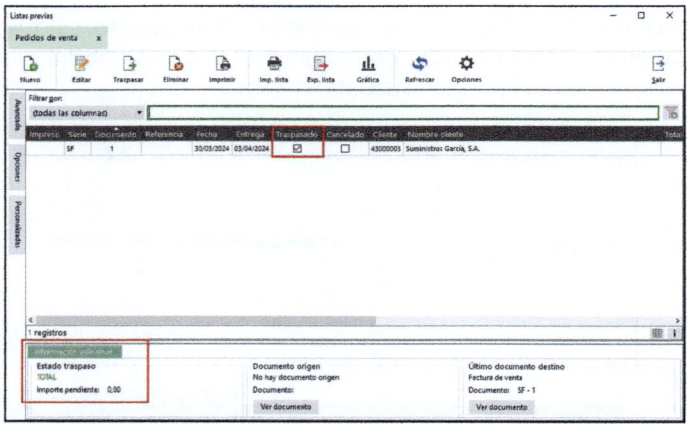

*Ventana **Listas previas (Pedidos de venta)** con la casilla **Traspaso** marcada y el estado Traspasado del pedido*

En el caso en el que el pedido se haya traspasado completamente, en el apartado *Importe pendiente* deberá constar la cantidad de 0,00 euros. Si, por el contrario, solo se hubiese traspasado una parte del pedido, en el apartado *Importe pendiente* constaría el valor de los artículos pendientes de traspasar.

TAREA 6

La empresa Gastronomía y Equipamiento, S. L. ha recibido la mercancía correspondiente al pedido realizado por el cliente Utensilios de Cocina, S. A., creado anteriormente en *Sage 50.*

Por consiguiente, se solicita la creación del albarán correspondiente, tomando en consideración la siguiente información:

- Fecha del albarán: 25/05/2024
- Todos los artículos del pedido serán incluidos en el albarán, manteniendo los precios establecidos en el pedido original.
- Los detalles de forma de pago, almacén y vendedor permanecerán iguales que los registrados en el pedido de venta, y por tanto, no necesitan ser modificados ni completados nuevamente.

Indica los pasos que seguir para proceder con la creación del albarán para este cliente.

Facturación de los pedidos y albaranes de los clientes

Una factura es un documento comercial que respalda tanto la adquisición como la venta de bienes y/o servicios. Es el comprobante que otorga validez, tanto desde el punto de vista legal como fiscal, a la transacción de compra o venta. Está sujeto a regulaciones establecidas en el Real Decreto 1619/2012, de 30 de noviembre, que aprueba el Reglamento de Obligaciones de Facturación.

En cuanto a la factura física, es relevante señalar que la Ley 18/2022, de 28 de septiembre, de creación y crecimiento de empresas, modifica la Ley 56/2007, de 28 de diciembre, de Medidas de Impulso de la Sociedad de la Información. Concretamente, se modifica su artículo 2 bis (factura electrónica en el sector privado), en el que pasa a indicarse lo siguiente:

Todos los empresarios y profesionales deberán expedir, remitir y recibir facturas electrónicas en sus relaciones comerciales con otros empresarios y profesionales. El destinatario y el emisor de las facturas electrónicas deberán proporcionar información sobre los estados de la factura.

Así, con la entrada en vigor de la Ley 18/2022, la obligación de expedir y remitir facturas electrónicas pasa a extenderse a todos los empresarios y profesionales en sus relaciones comerciales.

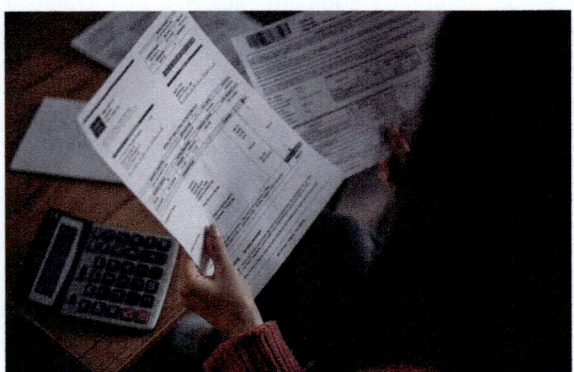

Aunque esta ley establece un período de transición, a corto o medio plazo la implantación de la factura electrónica estará completamente generalizada.

Por esta razón, a nivel gubernamental se está promoviendo el uso de facturas electrónicas mediante iniciativas de digitalización de los procesos empresariales. El objetivo es reducir considerablemente las actividades relacionadas con el blanqueo de capitales y aumentar la transparencia en las operaciones comerciales y empresariales de todas las organizaciones.

Independientemente del tipo de factura, ya sea física o electrónica, ambas deben cumplir con una serie de condiciones formales establecidas en el Real Decreto 1619/2012 para garantizar su conformidad con la legislación vigente.

Este real decreto establece que todas las facturas deben contener una serie de datos específicos, entre los cuales se incluyen los siguientes:

- Número y serie de la factura.
- Fecha de expedición.
- NIF del emisor y del receptor.
- Razón social o nombre y apellidos, y razón social del emisor y del receptor.
- Operaciones y descuentos que no han sido incluidos en el precio unitario de los artículos que forman parte de la factura.
- Tipo impositivo aplicado en la base imponible.

⮑ Cuota tributaria, que debe aparecer de forma separada al importe total de la factura.

⮑ Fechas de las operaciones que aparecen en la factura (cuando una factura contiene varios pedidos, es posible que cada pedido se haya entregado en fechas distintas).

⮑ Si hay una operación exenta de IVA, también debe incluirse específicamente el precepto de la ley de IVA que indica expresamente este hecho.

IMPORTANTE

Es importante tener en cuenta que una factura puede contener artículos/servicios que tributen con distintos tipos impositivos de IVA. Por ello, en la factura deberán constar los distintos tipos impositivos, las bases imponibles sujetas a cada uno de los tipos y las cuotas tributarias resultantes diferenciadas también por tipo impositivo.

Creación de facturas a clientes

En *Sage 50,* la creación de una factura de venta a partir de un albarán y de un pedido creado anteriormente sigue un procedimiento muy similar al de un traspaso de un pedido a un albarán.

Para registrar una factura de venta basada en un albarán, es necesario acceder primero al albarán de venta que se haya generado previamente, ya sea a partir de un pedido anterior o creado directamente. Esto se realiza a través de la siguiente ruta: **Ventas → Documentos → Albarán.**

A continuación, aparecerá la ventana **Listas previas (Albaranes de venta),** donde hay que hacer doble clic en el albarán del que se quiere crear la factura:

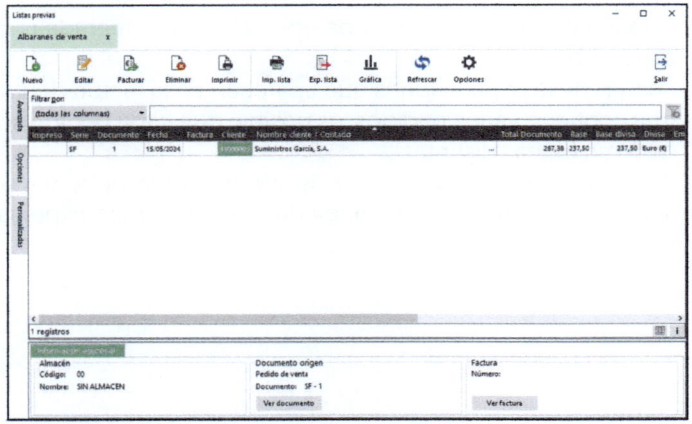

*Ventana **Listas previas (Albaranes de venta)** con el albarán que se va a facturar*

Siguiendo con el ejemplo de esta unidad, va a seleccionarse el albarán creado en pantallas anteriores. Una vez seleccionado el albarán, este se abrirá en la ventana **Albarán de venta,** donde habrá que hacer clic en el botón **Facturar:**

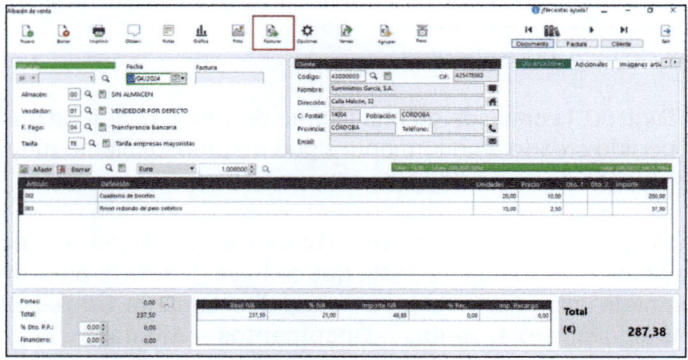

*Botón **Facturar** de la ventana **Albarán de venta***

A continuación, se abrirá la ventana **Facturar,** en la que se podrá seleccionar alguno o varios de los siguientes procesos:

⊃ **Datos de facturación:**

  ◡ Fecha de factura
  ◡ Contabilizar factura
  ◡ Factura rectificativa
  ◡ Presentar previsiones

- Contabilizar cobro
- Vencimientos por fecha de operación
- Solicitar número de factura

➲ **Tipo de impresión:**

- Acción que se ha de realizar una vez que se ha generado la factura (imprimirla, exportarla a otro formato, mostrar la vista previa o enviarla por correo electrónico).
- Opciones de impresión (imprimir la cabecera, imprimir la factura seleccionando el criterio de agrupación, imprimir la factura en formato *ticket).*

➲ **Opciones:**

- Seleccionar el idioma de la factura.
- Seleccionar la plantilla que se vaya a utilizar (se pueden crear distintas plantillas, atendiendo al tipo de cliente, al tipo de producto, etc.).
- Seleccionar el número de copias que imprimir.
- Seleccionar la impresora (también puede imprimirse en formato PDF para su tratamiento digital).

Dado que se está emitiendo una factura basada en un albarán y que se sugiere automatizar el proceso contable de la factura para prevenir posibles omisiones y errores, se deberá especificar la fecha de la factura y activar la opción **Contabilizar factura,** como se muestra en la siguiente imagen:

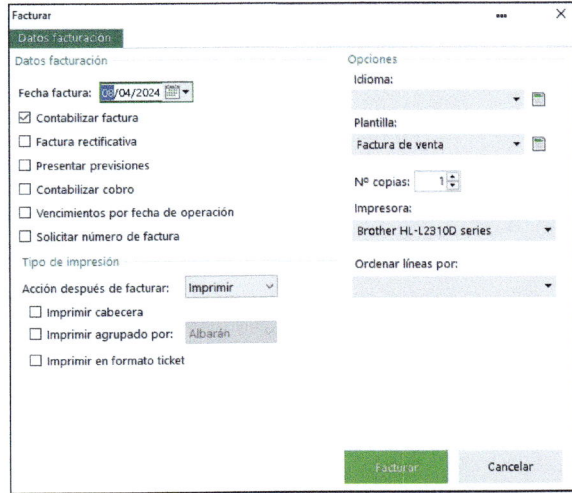

*Ventana emergente **Facturar,** con datos adicionales de la factura*

Al pulsar en **Facturar,** se procederá a crear la factura de forma automática. Esta estará bien creada si aparece la rúbrica **Facturado** en la parte central de la pantalla **Albarán de venta** del albarán en cuestión:

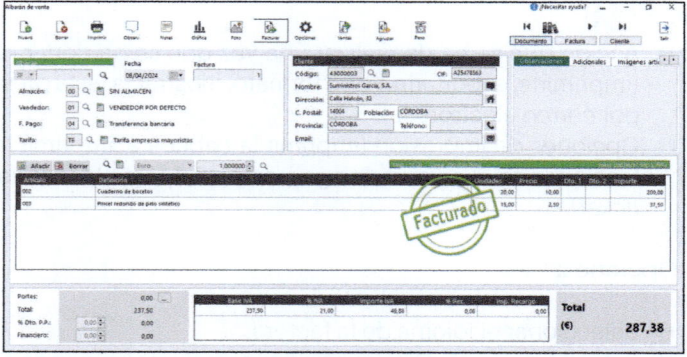

*Ventana **Albarán de venta** con el albarán correspondiente y la rúbrica **Facturado***

Además, accediendo a la ventana **Listas previas (Albaranes de venta)** y marcando el albarán que se acaba de facturar, se podrá ver en la parte inferior de la ventana los datos relativos a la factura generada:

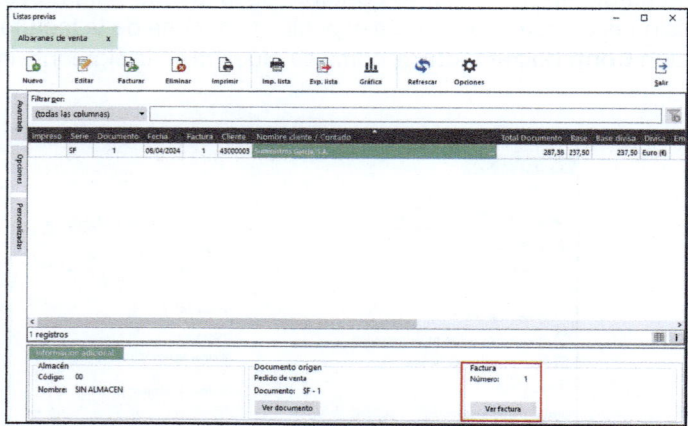

*Datos de la factura registrada en la ventana **Listas previas (Albaranes de venta)***

Además, si se desea consultar el pedido de venta original, bastará con pulsar en **Ver documento** dentro de la pestaña **Documento origen.**

Si, por el contrario, se quiere consultar la factura generada, podrá consultarse en la ventana **Factura,** pulsando en el botón **Ver factura**.

Así, se ofrece al usuario disponer de un mayor control del todo el proceso por el que ha pasado el pedido y el albarán sin necesidad de abrir o cambiar de pestaña.

3. Gestión de ventas II

Una vez que hemos estudiado cómo se realiza el registro de todas las operaciones relacionadas con la venta y entrega de los productos a través de *Sage 50,* vamos a conocer cómo se gestionan consultas y generan informes resumen, listados de ventas, contabilización de cobros, entre otras posibilidades que puede llegar a ofrecernos esta aplicación.

3.1. Gestión de consultas

Durante el transcurso de un año económico, las empresas acumulan una gran cantidad de datos que requieren ser revisados regularmente para evaluar su desempeño y detectar áreas de fortaleza, debilidades y oportunidades de mejora.

Para ello, *Sage 50* ofrece la posibilidad de realizar consultas y generar informes resumen sobre diversos aspectos. Se centra especialmente en informes contables, comerciales y financieros.

A continuación, se mencionan algunos de los informes más relevantes que pueden ser generados mediante esta aplicación:

En los apartados siguientes se va a explicar cómo generar consultas y obtener listados sobre los procesos comerciales, especialmente los relacionados con clientes, ventas y artículos.

Consultas y obtención de listados de ventas por clientes

Con *Sage 50* se pueden realizar multitud de consultas en cada uno de los módulos la aplicación tiene instalados.

Los módulos más importantes en los que se pueden realizar consultas son los siguientes:

En la aplicación, los resultados de las consultas se ofrecen en formato de listados. Por ello, para obtener dichos listados hay que dirigirse a la pestaña **Listados** del módulo correspondiente.

Por ejemplo, para obtener un listado sobre las ventas de la empresa hay que ir al módulo **Ventas** y pulsar en **Listados:**

*Opción **Listados** en el módulo **Ventas***

Como se puede observar en la pantalla anterior, en la pestaña **Listados** del módulo **Ventas** se pueden obtener multitud de listados. Los más destacables son los siguientes:

Para crear cualquiera de estos informes hay que dirigirse a **Ventas** → **Listados** → **Ventas.** A partir de ahí, se seleccionarán unas opciones u otras atendiendo al tipo de informe que se quiera generar.

 **APLICACIÓN PRÁCTICA**

Juan es el propietario de Muebles caros, S. A. y quiere ver el estado financiero de la empresa. Para ello, quiere realizar varias consultas a través de listados relacionados con la actividad comercial de la empresa. ¿En cuáles de los siguientes módulos se podrán realizar consultas/listados?

a. **Contabilidad**
b. **Ventas**
c. **Compras**
d. **En todos los anteriores**

Solución

Sage 50 permite hacer consultas e informes en los tres módulos que se plantean en la actividad (contabilidad, ventas y compras).

Los listados de ventas que pueden obtenerse en *Sage 50* son los siguientes:

- **Ventas por cliente/artículo.** Crea listados de ventas filtrando por uno o varios clientes y, por otra parte, por uno o varios artículos.
- **Ventas por ruta.** Se utiliza en empresas que disponen en su cadena de ventas de varias rutas de distribución.
- **Ventas por vendedor.** Genera listados de ventas discriminando por el vendedor que las ha realizado.
- **Ventas por serie de albarán.** Genera listados de ventas atendiendo a la serie de su albarán. Este tipo de listado es especialmente utilizado en empresas con distintas líneas de negocio.
- **Ventas por canal.** Filtra las ventas atendiendo al canal de distribución utilizado en ellas. Es muy útil en empresas que tienen tiendas físicas y que también venden online.
- **Comparativo de ventas.** Presenta una comparativa de las ventas según los criterios definidos. Es posible contrastar las ventas de distintos períodos, calcular variaciones porcentuales o clasificar por categorías de productos, entre otras opciones disponibles.
- **Beneficios.** Facilita los beneficios que han generado las ventas, clasificando los artículos por familias, subfamilias o marcas.
- **Hojas de reparto.** Genera los listados mediante el filtro de las ventas por hojas de reparto.
- **Hojas de ruta por agencia.** Elabora listados discriminando las ventas por rutas de entrega específicas, segmentadas por agencia. Este proceso es de especial utilidad cuando la empresa trabaja con varias empresas de mensajería para distribuir sus productos.

Por ejemplo, se va a generar un listado de las ventas de la empresa al cliente Suministros García, S. A.

Para generar el listado, hay que acudir a **Ventas → Listados → Ventas → Ventas por cliente,** para que se abra la ventana **Listado de ventas por cliente/artículo:**

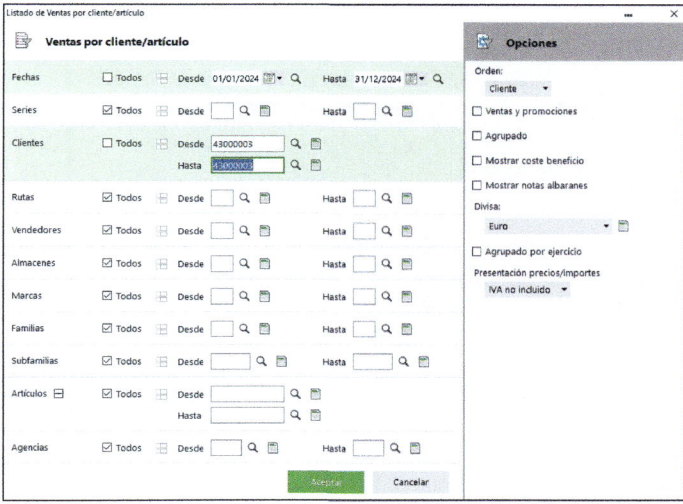

*Ventana **Listado de ventas por cliente/artículo***

En la ventana **Listado de ventas por cliente/artículo** se podrán seleccionar todos los parámetros a partir de los cuales se quiere crear el listado.

 **IMPORTANTE**

Por omisión, en la ventana **Listado de ventas por cliente/artículo,** las casillas de Todos vienen seleccionadas por defecto. Por lo tanto, es importante ser cauto si se desea generar un listado específico de clientes, vendedores, artículos u otros criterios de filtrado.

El único parámetro que no tiene la casilla de Todos marcada por defecto es el referente a la fecha. En este caso, el intervalo por defecto va desde el 01/01 hasta el 31/12 del año en curso. Si se desea obtener un listado con fechas diferentes, solo se debe especificar en esta misma ventana.

Como se puede ver en la imagen de la pantalla anterior, la ventana **Listado de ventas por cliente/artículo** está dividida en dos partes diferenciadas:

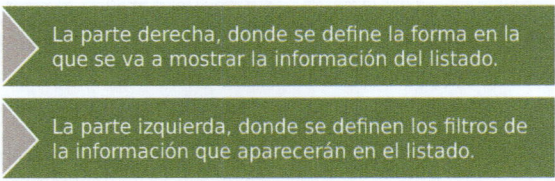

La parte derecha, donde se define la forma en la que se va a mostrar la información del listado.

La parte izquierda, donde se definen los filtros de la información que aparecerán en el listado.

Siguiendo con el caso del ejemplo, va a indicarse que únicamente se muestre información del cliente Suministros García (cuenta 43000003) y que los precios se muestren sin IVA.

Así, una vez introducidos los parámetros deseados del listado, al pulsar el botón **Aceptar,** se mostrará un listado como el que se muestra en la siguiente imagen:

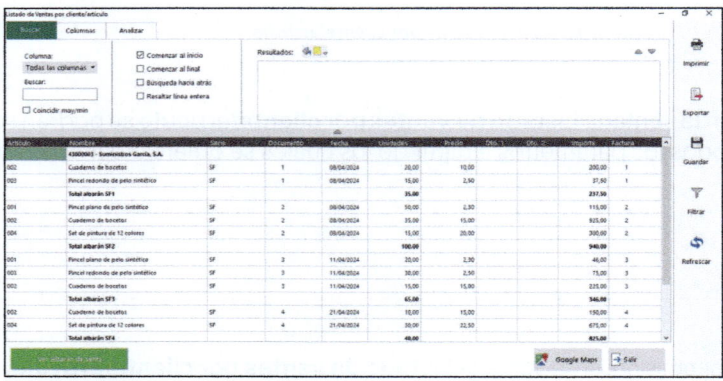

Listado de ventas por cliente

Si se observa la imagen, aparecen todas las ventas que se han realizado a Suministros García, S. L. a lo largo del ejercicio 2024. Las ventas aparecen desglosadas con los artículos vendidos en cada una de ellas.

Observando el listado que ha facilitado la aplicación, hay que tener en cuenta que este está formado por varias columnas y que cada una de ellas ofrece un tipo distinto de información:

Si se observa la columna **Artículo** y **Factura,** se pueden ver los artículos vendidos que han sido facturados, en este caso todos ellos.

Eso sí, si hubiese algún artículo de un pedido o de un albarán que no se hubiese incluido en ninguna factura, la columna **Factura** aparecería sin cumplimentar en la línea del artículo en cuestión.

 ## SABÍAS QUE...

Si se selecciona una fila de un artículo concreto y se pulsa en **Ver albarán de venta,** el albarán original del artículo en cuestión se mostrará en pantalla.

En cuanto a las posibilidades de este tipo de listados, cabe destacar las que se muestran a continuación:

Buscar
- Permite hacer búsquedas en el listado, bien completas en todas las columnas o en las columnas que se seleccionen.

Columnas
- Permite indicar qué columnas se van a incluir en el informe que se va a generar y en qué orden van a mostrarse.

Analizar
- Permite filtrar la información para marcar los datos del informe. Por ejemplo, se pueden marcar en un color concreto aquellos datos que superen un importe determinado.

Además, el listado generado se puede almacenar para que el usuario lo pueda recuperar en cualquier momento posterior o, incluso, exportarlo a otros formatos (PDF, hojas de cálculo, etc.) o imprimirlo.

Así, si por ejemplo se quieren seleccionar aquellos artículos que se han vendido por un precio concreto, habría que marcar la columna *Precio,* dentro del apartado *Columna* e introducir en la casilla **Buscar** el precio por el que se quiere filtrar.

Si se quieren buscar aquellos artículos vendidos por 2,50 €, habría que introducir la siguiente información:

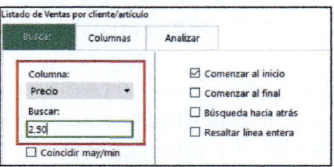

Casillas que cumplimentar para buscar
unos artículos determinados

En la parte derecha de la imagen se selecciona cómo quiere el usuario que se muestre la información. En el caso del ejemplo, se marcará la opción **Comenzar al inicio,** para que los artículos que tengan un precio de 2,50 € se muestren por orden cronológico.

Es decir, se mostrarán primero los artículos más antiguos y, al final de la búsqueda, los artículos más recientes.

Cuando se hayan introducido los parámetros de búsqueda del ejemplo, la aplicación mostrará la información como aparece en la siguiente imagen:

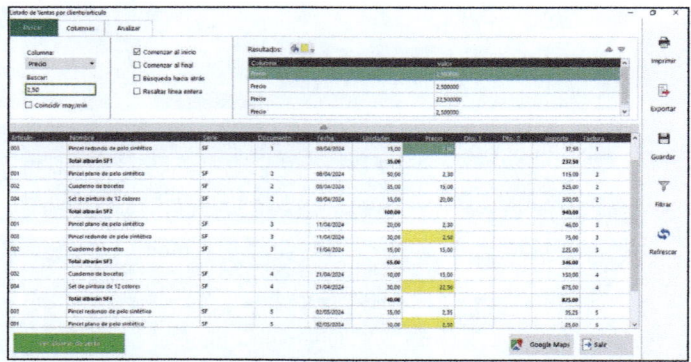

Listado de ventas con la búsqueda marcada en amarillo

Tal como se ve en la imagen, los precios con el mismo importe introducido en la búsqueda se muestran marcados en amarillo; no obstante, si se prefiere que aparezcan marcados con otro color, se podría cambiar con facilidad en la casilla ubicada en la parte superior de la ventana, junto a **Resultados.**

Además, debajo de esa casilla se muestra un listado con los resultados obtenidos en la búsqueda. Si se pulsase en alguno de los resultados, la aplicación mostraría directamente la fila en la que se encuentra ese resultado.

 ACTIVIDAD COMPLEMENTARIA

6. Investiga sobre cómo crear listados de ventas en *Sage 50*. ¿Es posible generar listados de ventas filtrados por serie de albarán? ¿Cuándo resultaría útil este tipo de listado? Proporciona un ejemplo.

3.2. Gestión de informes e impresos

Como ya se ha comentado en apartados anteriores, los informes se obtienen a partir de los listados que facilita *Sage 50* con origen en las búsquedas de información.

Para poder acceder a los listados, habría que ubicarse al módulo del que se pretendan obtener los mismos (Compras, Ventas o Contabilidad) y, en la pantalla **Listados** de dicho módulo, seleccionar el informe que se va a confeccionar.

Si, por ejemplo, que desea obtener un informe sobre las facturas de venta que se han generado, habría que dirigirse a **Ventas → Listados → Factura.**

Así, se abriría el menú denominado **Listado de facturas de venta,** en el que se podrían configurar todos los parámetros deseados para que el informe muestre la información pertinente:

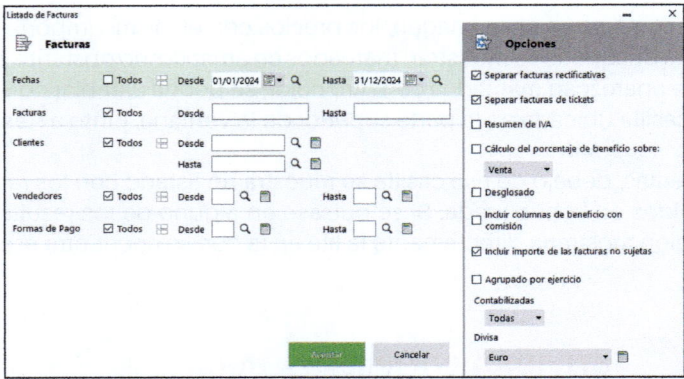

*Ventana **Listado de Facturas** de compra*

Siguiendo con la información del ejemplo que se está desarrollando en esta unidad, se va a obtener un informe con las facturas de venta generadas y contabilizadas en 2024, a todos los clientes y con todas las formas de pago.

En este caso, bastaría con introducir la información (01/01/2024-31/12/2024) en las casillas correspondientes de *Fechas.*

El informe/listado que facilitaría la aplicación sería como se muestra en la siguiente imagen:

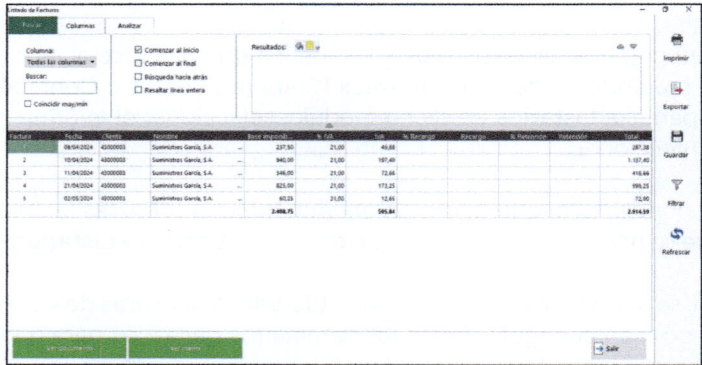

Listado de facturas de venta

En la interfaz del informe, se ofrece la posibilidad de seleccionar las columnas que se desean visualizar (como orden, factura, fecha, etc.), así como aplicar filtros para resaltar con un color específico las facturas que cumplan o no ciertas condiciones (mediante la pestaña **Analizar).**

Una vez configurado el informe según las preferencias del usuario, este puede imprimirlo en formato PDF, en papel o incluso exportarlo a otros tipos de archivos, para su posterior tratamiento en, por ejemplo, una aplicación de hojas de cálculo.

A modo de ejemplo, se va a explicar cómo crear informes de ventas por artículos.

Obtención de listados de ventas por artículos

Además de generar listados de ventas por clientes, *Sage 50* ofrece la posibilidad de crear informes de ventas categorizados según uno, varios o incluso todos los artículos contabilizados en la base de datos de la empresa.

El procedimiento para elaborar estos listados de ventas por artículos es bastante similar al de los listados de ventas por clientes.

Para generar un listado de ventas por artículos hay que dirigirse a **Ventas** → **Listados** → **Ventas** y seleccionar de nuevo la opción **Ventas por cliente/ artículo:**

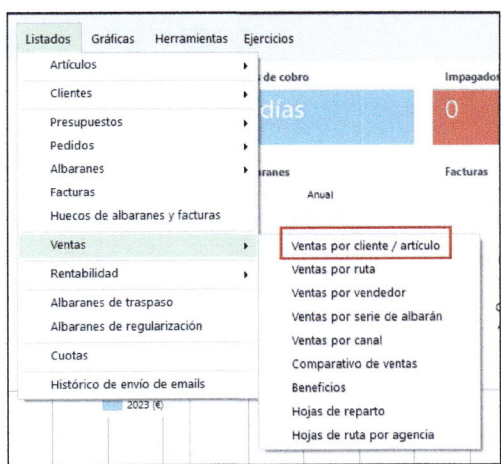

Ruta para crear un listado de ventas por artículo

Seguidamente, se mostrará la ventana **Listado de ventas por cliente/artículo,** la misma ventana que se mostraba en el apartado anterior.

Si se quiere filtrar la información por artículo, en este caso, en lugar de seleccionar un cliente concreto, habría que seleccionar un artículo determinado.

Por ejemplo, si se quisiese generar un listado con las ventas de los pinceles (artículo con código ———-) durante todo 2024, habría que introducir la información como se muestra en la siguiente imagen:

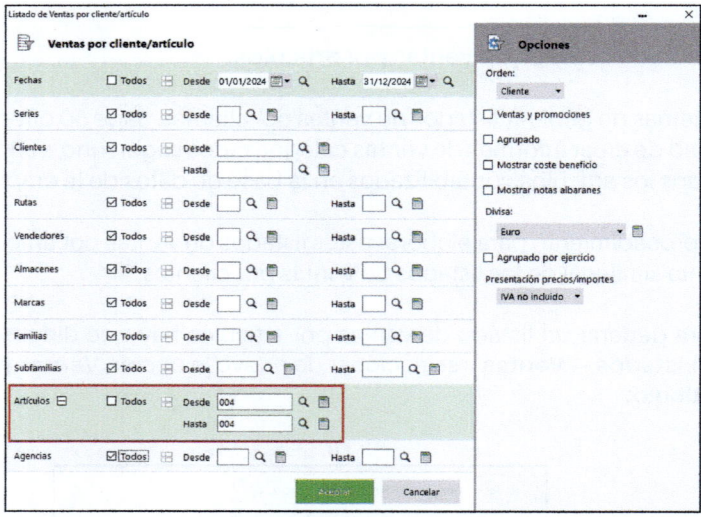

Casillas que rellenar para filtrar los artículos del listado

Si se pulsa en **Aceptar,** la aplicación generaría el listado de ventas/informe de las ventas de pinceles de 2024 como se muestra a continuación:

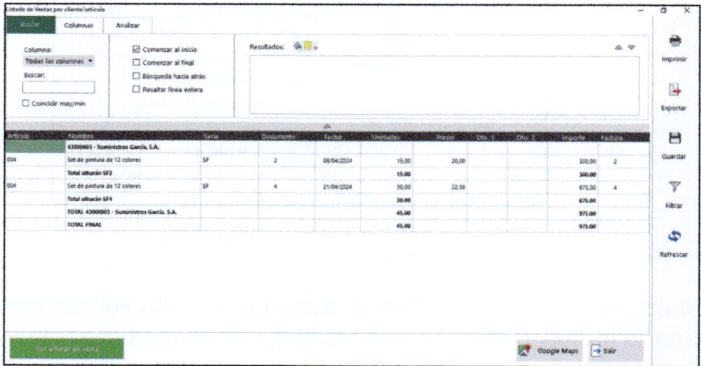

Listado de ventas por artículo (pinceles)

Si se observa el listado, se puede ver que estará formado por todas las ventas de pinceles ordenadas cronológicamente, el sumatorio de las ventas de un artículo en un albarán y el sumatorio total de las ventas del artículo en la última fila de la columna *Importe.*

Además, en la misma columna, encima del sumatorio, aparecen todos los importes facturados por los pinceles en cada una de las facturas del informe.

En este tipo de informe, se mostrarían las siguientes columnas:

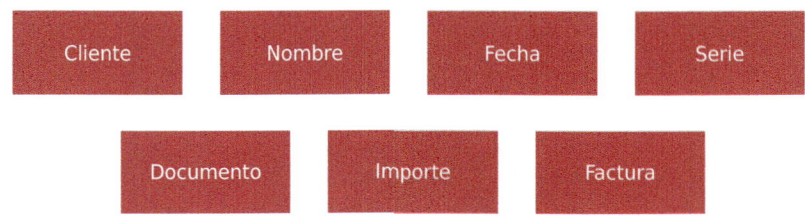

Al observar las columnas *Documento* (albarán) y *Factura,* se puede apreciar que todos los productos incluidos en un albarán han sido facturados.

Sin embargo, en caso de que algún albarán contenga un artículo presente en el listado pero que no haya sido facturado por alguna razón, la casilla correspondiente a la columna *Factura* en la fila del respectivo albarán aparecerá vacía.

 SABÍAS QUE...

Al igual que en los listados de ventas por cliente, al seleccionar una fila que corresponda a un artículo específico y hacer clic en el botón **Ver albarán de venta,** se visualizará el albarán original que contiene dicho artículo. Sin embargo, es importante tener en cuenta que, si el albarán incluye otros artículos que no están presentes en el listado, estos también se mostrarán en el albarán.

Si se desea generar un listado de ventas por artículo que incluya varios artículos con el fin de agilizar el proceso de análisis de ventas, simplemente se debería especificar esta selección en la ventana de **Listado de ventas por cliente/artículo,** en el campo de los artículos.

Por ejemplo, si se desea crear un listado que incluya los artículos con los códigos 003 y 004, se completaría la ventana de **Listado de ventas por cliente/artículo** de la siguiente manera:

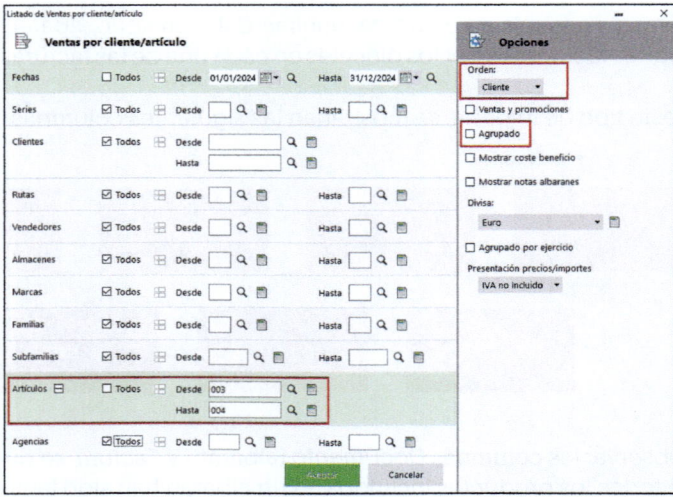

Cumplimentación de las casillas para filtrar los artículos del listado, en el caso de querer generar listado con varios artículos

Observe que se ha elegido la opción **Cliente** en el menú desplegable de **Orden,** ubicado en la parte superior del panel derecho de la ventana. Además, se ha deseleccionado la opción **Agrupado** para visualizar la información de forma más detallada.

Así, al indicar que el listado de ventas por artículo se organice según el cliente, *Sage 50* lo presentaría de la siguiente manera:

Listado de ventas por artículos agrupadas por clientes

Como se evidencia en la imagen, el listado exhibe los artículos organizados por albarán, con indicación de la factura correspondiente a cada uno de ellos.

En el ejemplo proporcionado, solo se presenta un cliente; no obstante, si hubiera varios clientes que adquirieran el artículo 003 o el artículo 004, estos serían detallados bajo el total de ventas de Suministros García, S. L. Además, la fila *TOTAL FINAL* presentaría la suma de las ventas de los artículos del listado para todos los clientes.

Sin embargo, si se elige la opción **Artículo** en lugar de **Cliente** en la sección **Orden,** ubicada en la parte superior del panel derecho de la ventana, y se desmarca la opción **Agrupado** para mostrar información más detallada, se generaría el siguiente listado:

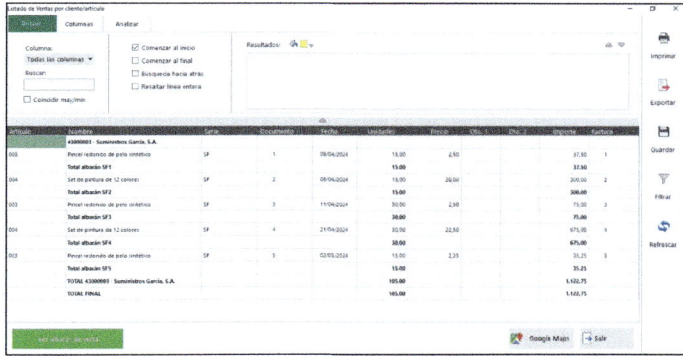

Listado de ventas por artículo agrupadas por artículo

En este listado se encuentran las ventas organizadas por artículo, mostrando un total al final de cada uno, así como el *TOTAL FINAL* al final del conjunto, que representa la suma de las ventas de todos los artículos seleccionados en el listado.

En la columna *Cliente* solo se visualiza Suministros García, S. L., ya que solo se han registrado ventas a este cliente durante el periodo del listado. Si hubiera habido más clientes, también se habrían mostrado en esta columna.

TAREA 7

La empresa Gastronomía y Equipamiento, S. L. ha realizado varias ventas a lo largo de 2024. Su administrador nos ha pedido un informe para saber con más detalle las ventas de cuchillos de chef de acero oxidable del ejercicio.

Indica qué tipo de listado habría que generar y cómo debería procederse para obtenerlo con *Sage 50*.

3.3. Gestión de la contabilidad de ventas

Además de contabilizar todas las ventas realizadas de los distintos tipos de artículos de una empresa, *Sage 50* también permite contabilizar los cobros de estas para controlar todo lo que se ha cobrado, cómo se ha cobrado y todo aquello pendiente de cobro en una fecha determinada.

Como ya se ha explicado cómo contabilizar pedidos, albaranes y facturas de venta, es el único proceso que faltaría para poder explicar toda la contabilidad del ciclo de ventas de una empresa.

Para registrar un pago de una factura, habría que acudir al módulo **Ventas,** concretamente a **Ventas → Archivos → Clientes → Clientes,** para que se abra la ventana **Listas previas (Facturas de venta)** y seleccionar el cliente del que se va a contabilizar dicho pago.

Una vez que se ha abierto la ficha del cliente en cuestión, habrá que seleccionar **Opciones → Consultar previsiones** para que se abran las facturas pendientes de pagar por parte del cliente:

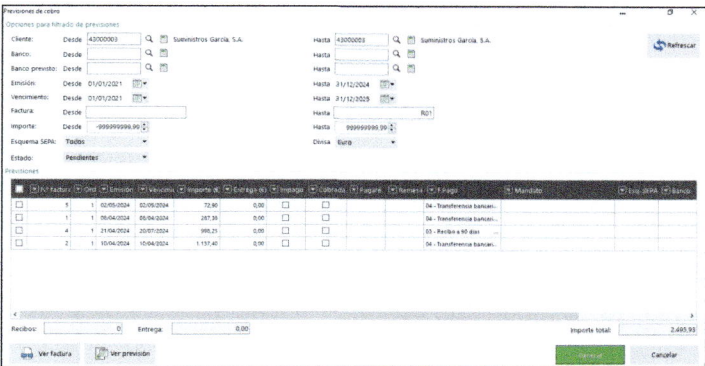

*Ventana **Previsiones de cobro***

Una vez seleccionada la factura o facturas en la que se va a registrar el cobro, habrá que pulsar en **Generar** → **Generar cobro** para registrar el cobro.

En la ventana **Petición de datos** se va a introducir la fecha de cobro y la cuenta bancaria en la que ha entrado el cobro:

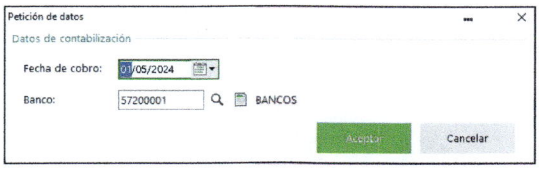

*Ventana **Petición de datos** para registrar los datos del cobro de la factura*

Haciendo clic en **Aceptar,** debería quedar el cobro contabilizado correctamente y en el estado de la factura debería constar que esta está **cobrada.**

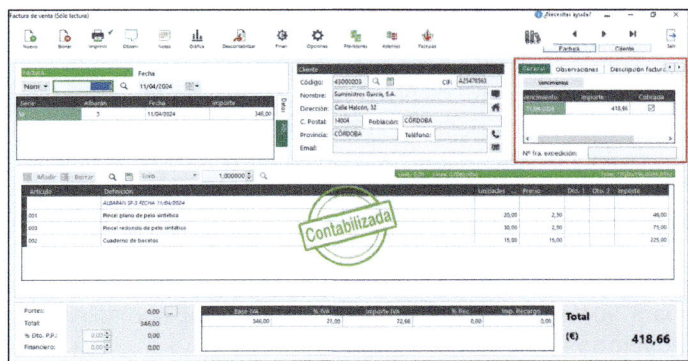

*Factura con la rúbrica **Contabilizada***

3.4. Conexión con la TPV

TPV es la sigla de terminal punto de venta, que se refiere a dispositivos y tecnologías empleadas para facilitar la gestión de un establecimiento comercial destinado a la venta al público, los cuales pueden estar equipados con sistemas informáticos especializados y una interfaz accesible para los empleados.

Los TPV posibilitan la creación e impresión de *tickets* de venta mediante las referencias de productos, así como la realización de diversas operaciones durante todo el proceso de venta, incluidos los ajustes en el inventario.

Además, generan una variedad de informes que resultan útiles para la administración del negocio. Los TPV están compuestos por una parte de *hardware*, que incluye dispositivos físicos, y otra de *software*, que abarca el sistema operativo y el programa de gestión.

Además del TPV físico, como el que se muestra en la imagen, existen los TPV virtuales, utilizados por las empresas para realizar cobros/pagos online garantizando que las transacciones sean seguras.

Por defecto, *Sage 50* no permite gestionar directamente los TPV de una empresa. No obstante, dispone de funcionalidades complementarias que pueden instalarse a posteriori de forma gratuita. Estas funcionalidades, en la aplicación, se denominan *add-ons* o aplicaciones.

Para poder gestionar los TPV de una empresa, por tanto, habría que instalar en *Sage 50* el *add-on* denominado TPV. Para ello, habría que dirigirse a la parte superior derecha de la pantalla y hacer clic en el nombre de usuario para que se aparezca un desplegable en el que seleccionar la opción **Aplicaciones y servicios conectados:**

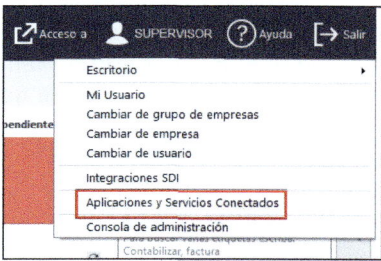

Aplicaciones y servicios conectados, en la
pestaña del usuario

Una vez que se acceda al apartado de instalación, aparecerá una ventana con todos los *add-ons* que pueden agregarse en *Sage 50,* clasificados por categorías, ubicadas en una pestaña en la parte superior de dicha ventana.

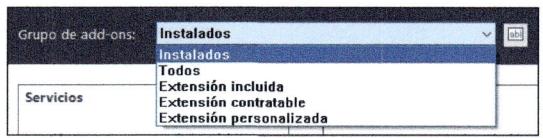

Categorías de tipos de add-ons

Si se marca **Todos**, aparecerán todos los *add-ons* disponibles en la aplicación, incluidos los creados por terceros.

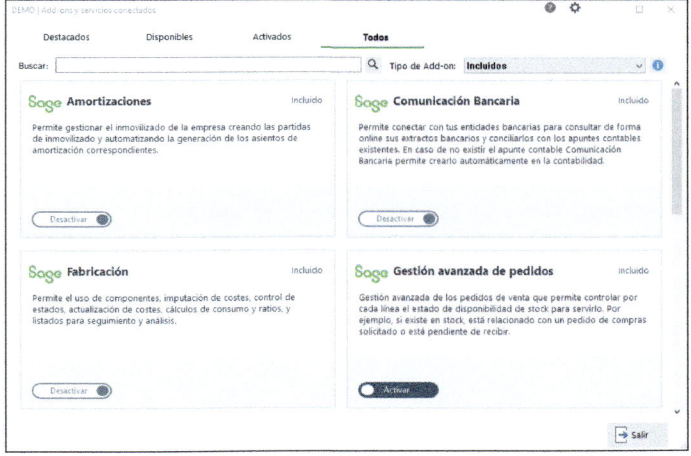

Add-ons disponibles en Sage 50

Para encontrar el *add-on* TPV, bastará con introducir la palabra **TPV** en la casilla **Buscar** para que se muestre el *add-on* llamado ***Sage TPV standard,*** utilizado para agilizar la generación de *tickets* (también llamados facturas simplificadas), albaranes y facturas. Para instalarlo simplemente habrá que pulsar en **Activar** y comenzar a trabajar con él.

El escritorio general del módulo TPV se mostraría de la siguiente forma:

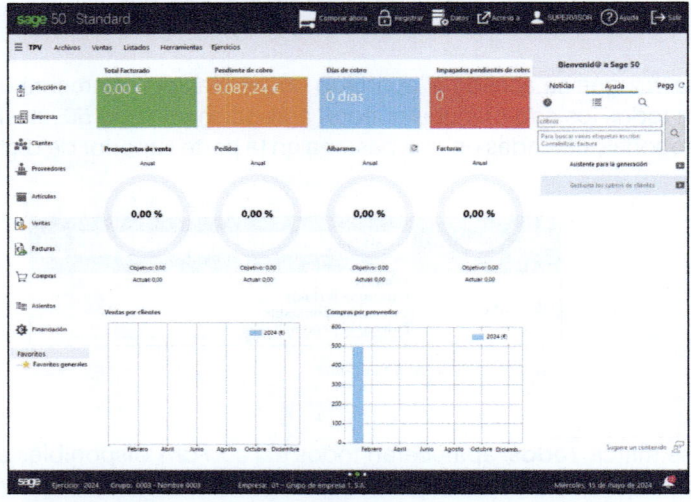

Módulo TPV

SABÍAS QUE...

Sage TPV standard posibilita la administración de uno o varios TPV conectados tanto en línea como sin conexión, con la garantía de contar con un terminal de seguridad en situaciones de desconexión de la red o de internet.

4. Previsión y organización

☞ HILO CONDUCTOR

En Suarez Distribución, S. L. ya están utilizando con total normalidad el *software* integrado de gestión *Sage 50* y llevan varios meses registrando todas sus operaciones comerciales (compras y ventas) en la aplicación.

Después de comprobar que el funcionamiento de la operación es óptimo, necesitan conocer más información sobre el funcionamiento de la empresa y sobre la evolución de sus operaciones. Para ello, van a realizar una serie de estadísticas y varios análisis a través de distintas ratios relacionados con la salud económico financiera de la empresa.

Los informes explicados en apartados anteriores, junto con las cuentas anuales, ofrecen una gran cantidad de información. Con un análisis pormenorizado de esta se puede obtener información de gran utilidad para conocer la salud económico-financiera de una empresa y poder gestionar de forma eficiente las previsiones de ingresos y gastos.

En este apartado se va a proceder a analizar la información de distintas formas, desde la realización de estadísticas hasta la realización de análisis a partir de hojas de cálculo.

Concretamente, se van a explicar los siguientes aspectos:

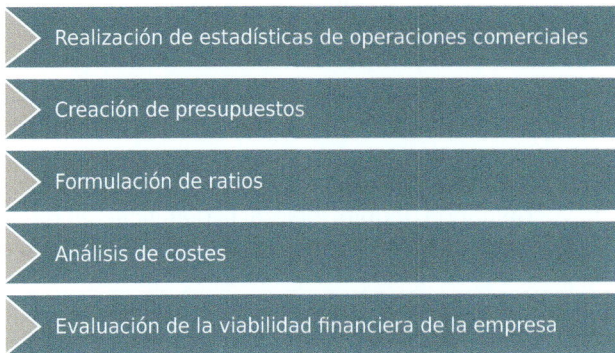

Realización de estadísticas de operaciones comerciales

Creación de presupuestos

Formulación de ratios

Análisis de costes

Evaluación de la viabilidad financiera de la empresa

4.1. Realización de estadísticas de compras, ventas y almacén

Como ya se ha podido deducir de todo lo explicado a lo largo de la unidad didáctica, obtener información sobre el funcionamiento de las operaciones de una empresa es fundamental para conocer su salud económico-financiera.

Para ello pueden analizarse los datos de compras, ventas y productos en el almacén, con la finalidad de generar una serie de estadísticas y poder obtener conclusiones fiables y detectar posibles problemáticas.

Así, realizar estadísticas de compras, ventas y productos en el almacén *(stock)* es crucial por varias razones. Cabe destacar las siguientes:

- **Toma de decisiones informadas.** Las estadísticas proporcionan datos precisos que ayudan a los gestores a tomar decisiones fundamentadas sobre la adquisición de productos, fijación de precios y estrategias de ventas.
- **Optimización del inventario.** Analizar las estadísticas de productos en almacén permite identificar los niveles óptimos de inventario, reduciendo el riesgo de exceso o escasez de *stock* y mejorando la eficiencia operativa.
- **Identificación de tendencias.** Las estadísticas de ventas y compras revelan patrones y tendencias en el comportamiento del consumidor y en el mercado, lo que permite a la empresa anticipar cambios y adaptar sus estrategias.
- **Gestión financiera.** Monitorear las estadísticas de compras y ventas facilita el control de flujo de caja y el presupuesto, permitiendo a la empresa mantener una salud financiera sólida.
- **Mejora de la rentabilidad.** Al entender qué productos tienen mayor demanda y cuáles no, la empresa puede ajustar su enfoque para centrarse en los artículos más rentables, eliminando o promocionando aquellos que no se venden bien.
- **Evaluación del desempeño.** Las estadísticas permiten evaluar el rendimiento de diferentes productos, categorías y líneas de productos, así como del personal de ventas, ayudando a identificar áreas que necesitan mejoras o ajustes.
- **Servicio al cliente.** Conocer los productos más vendidos y los periodos de mayor demanda permite mejorar la planificación de inventarios y asegurar la disponibilidad de productos, lo que mejora la satisfacción del cliente.

Como resulta evidente, *Sage 50* también permite al usuario realizar estadísticas de las operaciones comerciales, concretamente permite generar estadísticas de los clientes, de los artículos comprados y vendidos, e incluso de los proveedores.

Para generar estadísticas de clientes y de artículos, hay que dirigirse a **Ventas → Documentos → Albarán** y seleccionar en **Listas previas** el albarán que contiene artículos de los que se quieren hacer estadísticas o el albarán del cliente del que se quiere generar la estadística.

Una vez abierto el albarán, bastará con pulsar en el botón opciones y seleccionar **Estadística del cliente** o **Estadística del artículo** para generar la estadística que se desee:

*Botón **Opciones**. Estadística del cliente/artículo*

Estas opciones facilitarán información sobre:

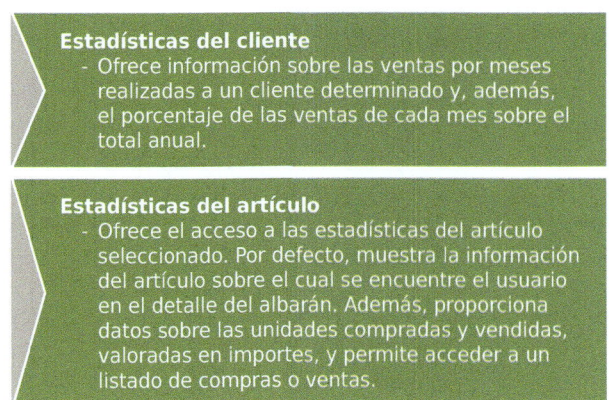

4.2. Elaboración de presupuestos de planificación

Los presupuestos de planificación son una herramienta financiera que proyecta los ingresos y gastos esperados de una organización para un periodo futuro específico. Resulta esencial para llevar a cabo una gestión y planificación estratégica, ya que ayuda a prever los recursos necesarios, establecer metas financieras y evaluar la viabilidad de proyectos y operaciones.

Además, también facilita realizar un seguimiento del desempeño financiero de la organización, a partir del cual se pueden tomar decisiones informadas, ajustar las acciones para alcanzar los objetivos establecidos y realizar medidas correctivas en caso de detectar algún tipo de desviación.

Para crear un presupuesto de planificación se recomienda llevar a cabo los siguientes pasos:

1. **Definir objetivos y metas.** Hay que establecer los objetivos financieros y operativos que se desean lograr en el período presupuestario, como, por ejemplo, incrementar las ventas, reducir costes o expandir operaciones.
2. **Recopilar información.** Para recopilar información se puede acudir al historial financiero, es decir, recopilar los datos sobre ingresos, gastos y otros aspectos de carácter financiero. A partir de esa información se pueden analizar las tendencias pasadas, el estado actual del mercado y realizar proyecciones futuras.
3. **Estimar los ingresos.** A partir de los datos históricos y de los análisis de mercado, hay que realizar una estimación de los ingresos. Para ello, se recomienda considerar todas las fuentes de ingresos, incluidas las ventas de productos, las prestaciones de servicios, las inversiones y otros ingresos esperados.
4. **Calcular los gastos.** Supone el cálculo de los costes fijos (alquiler, sueldos, seguros, etc.), de los costes variables (materias primas, suministros, etc.) y de los gastos operativos (*marketing,* investigación y desarrollo, etc.).
5. **Incluir inversiones y financiación.** Se recomienda planificar la compra de equipos, soluciones tecnológicas, maquinaria y otras inversiones necesarias. Además, hay que considerar los préstamos, líneas de crédito y otras fuentes de financiación necesarias para cubrir el presupuesto.
6. **Crear el presupuesto.** Se recomienda utilizar una plantilla (normalmente una hoja de cálculo) para organizar toda la información del presupuesto y listar todos ingresos esperados y los gastos proyectados para el período que comprenderá el presupuesto de planificación.

4.3. Establecimiento de ratios económicos y comerciales

El análisis de ratios consiste en realizar una comparación de las distintas partidas que forman parte del balance y de la cuenta de resultados de una empresa.

 **DEFINICIÓN**

Ratio
Es una relación matemática que compara dos valores numéricos entre sí. Se utiliza para evaluar y analizar la relación entre diferentes magnitudes, proporcionando una forma clara y sencilla de entender cómo un valor se relaciona con otro. Las ratios son ampliamente utilizadas en el mundo de los negocios, especialmente en lo relacionado con la contabilidad y las finanzas.

Hay que distinguir entre dos tipos de ratios:

Ratios financieras	- Se enfocan en analizar las partidas del balance de situación para evaluar el nivel de solvencia, la situación financiera y la rentabilidad, entre otros aspectos.
Ratios económicas	- Se utilizan para analizar las distintas partidas de la cuenta de resultados con la finalidad de obtener información útil y fiable sobre la situación económica de una empresa.

Ratios económicos y comerciales

Las ratios económicas y comerciales son aquellas que se enfocan en analizar la cuenta de resultados, dado que este estado contable es el que proporciona información suficiente para conocer con precisión la situación económica de una empresa y las rentabilidades que puede generar a través de su actividad empresarial.

Las ratios económicas más importantes y utilizadas son las siguientes:

- **Rentabilidad económica o ROI** *(return on investment)*. Mide la ganancia obtenida a partir de una inversión realizada, expresada en términos porcentuales.
- **Coste de la financiación.** Muestra el coste para la empresa de financiar sus inversiones con recursos externos; una ratio más baja indica un menor coste de financiación.
- **Margen de la financiación.** Indica, en términos porcentuales, la diferencia entre la rentabilidad de la inversión y el coste de su financiación; un margen mayor refleja un mejor resultado.
- **Rotación de activos.** Expresa la relación porcentual entre las ventas y las inversiones totales.
- **Rentabilidad financiera.** Ratio que relaciona el beneficio obtenido por las ventas realizadas; las empresas buscan maximizar esta ratio.
- **Apalancamiento financiero.** Es una de las ratios más utilizadas. Determina si los costes financieros generados por el endeudamiento de una empresa son inferiores a la ganancia obtenida por la inversión financiada con dicho endeudamiento.

En la tabla que se muestra a continuación se muestran las fórmulas de las ratios económicas/comerciales descritas en la pantalla anterior y los valores aceptables de estas para que la empresa goce de salud económica:

Ratio	Fórmula	Valor normal
Rentabilidad económica (ROI)	BAII / Activo Total x 100	A mayor ratio, mejor situación económica
Coste de la financiación (i)	Gastos Financieros / Recursos ajenos	A menor ratio, mejor situación económica
Margen de financiación	ROI - i	A mayor ratio, mejor situación económica
Rotación de activos	Ventas / Activo Total	A mayor ratio, mejor situación económica
Rentabilidad financiera	BAII / Ventas	A mayor ratio, mejor situación económica
Apalancamiento financiero	Pasivo total / Fondos propios	Depende de cada empresa Inferior al 25 % - Apalancamiento alto Entre 25 %-50 % - Apalancamiento óptimo Superior al 50 % - Apalancamiento alto

Las siglas descritas en las fórmulas se refieren a lo siguiente:

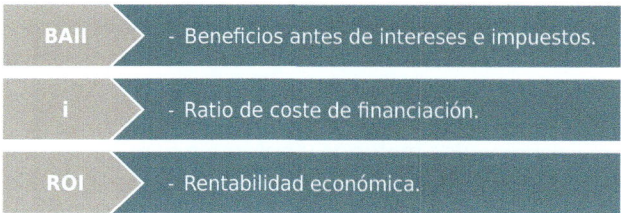

BAII	- Beneficios antes de intereses e impuestos.
i	- Ratio de coste de financiación.
ROI	- Rentabilidad económica.

IMPORTANTE

Hay que considerar que las ratios económicas y las ratios financieras están íntimamente relacionadas, ya que ciertas ratios económicas se calculan utilizando las ratios financieras. Esto resalta la importancia de analizar de forma conjunta el balance y la cuenta de resultados de la empresa que se está evaluando.

4.4. Realización del análisis de costes

El análisis de costes es un procedimiento consistente en identificar, recopilar, clasificar y evaluar todos los gastos asociados con la producción, distribución y venta de bienes o servicios en una empresa.

Su objetivo central es ofrecer información detallada sobre la utilización de los recursos y cómo estos gastos afectan la rentabilidad y la eficiencia.

El análisis de costes es crucial en la gestión empresarial por varias razones clave:

- **Toma de decisiones informadas.** Proporciona datos precisos que ayudan a los líderes empresariales a tomar decisiones fundamentadas sobre precios, producción, inversión y más.
- **Optimización de recursos.** Permite a las empresas identificar áreas donde se pueden reducir costes innecesarios y mejorar la eficiencia operativa.
- **Control de gastos.** Ayuda a gestionar y controlar los gastos, esencial para mantener la rentabilidad a largo plazo.
- **Establecimiento de precios.** Permite a las empresas fijar precios que cubran los costes y generen beneficios adecuados.

● **Planificación financiera.** Facilita la planificación financiera a corto y largo plazo al ofrecer una visión clara de los costes esperados.

Para realizar un análisis de costes hay que distinguir entre los distintos tipos de costes en los que incurre la empresa (costes fijos, variables, directos o indirectos, entre otros).

Aunque existen varios métodos y enfoques para poder realizar un análisis de costes, todos los métodos tienen en común las principales etapas que hay que seguir en el procedimiento de obtención de información y análisis de la misma.

Las principales etapas de un proceso de análisis de costes son las siguientes:

1. **Identificación de costes.** Enumerar todos los gastos asociados con la producción o las operaciones.
2. **Clasificación de costes.** Categorizar los gastos en costes fijos, variables, directos e indirectos.
3. **Asignación de los costes.** Asignar los gastos a productos o servicios específicos cuando sea necesario.
4. **Cálculo de los costes totales.** Determinar el total de los costes de producción o de operación.
5. **Análisis de margen de contribución.** Calcular el margen de contribución para evaluar la rentabilidad por producto o servicio.
6. **Análisis de punto de equilibro.** Identificar el punto en el que los ingresos igualan a los costes para determinar la rentabilidad.
7. **Comparación y evaluación.** Comparar los costes reales con los estándares o presupuestos y evaluar cualquier desviación.

◎ EJEMPLO

Supongamos que una empresa de fabricación de muebles está contemplando la posibilidad de incorporar una máquina automatizada para ensamblar muebles en lugar de depender de la mano de obra manual.

El análisis de costes implicaría:

1. Identificar los actuales costes de mano de obra y los costes asociados con la máquina automatizada, incluyendo la inversión inicial y los gastos de mantenimiento.

Continúa en página siguiente >>

<< Viene de página anterior

2. Clasificar los costes como fijos (inversión en la máquina) y variables (costos de mantenimiento, consumo eléctrico).
3. Calcular los costes totales para la producción de una cantidad específica de muebles utilizando ambos enfoques.
4. Comparar los costes y determinar cuál opción resulta más rentable a corto y largo plazo.

4.5. Evaluación de la viabilidad financiera

La evaluación de la viabilidad financiera se utiliza para comprender la salud financiera y la capacidad de una empresa para cumplir con sus obligaciones. Para ello, se emplean las ratios financieras, herramientas poderosas que permiten a los analistas y gerentes medir y evaluar diversos aspectos de la situación financiera de una empresa, desde su rentabilidad y eficiencia operativa hasta su solvencia y capacidad de endeudamiento.

Así, esta evaluación proporciona una visión integral de la salud financiera de una empresa, ayudando a los inversores, prestamistas y gerentes a tomar decisiones informadas sobre inversiones, préstamos y operaciones comerciales.

A continuación, se van a explicar las ratios financieras utilizadas para evaluar la viabilidad financiera de una empresa y su importancia en la toma de decisiones empresariales.

Las ratios financieras son aquellas que comparan las distintas magnitudes o partidas que forman parte del balance de una empresa.

Las ratios financieras más utilizadas para analizar la viabilidad financiera de toda empresa son las siguientes:

- **Ratio de liquidez general.** Indica la proporción del activo corriente que está respaldada por financiamiento a corto plazo.
- **Ratio de liquidez inmediata.** Refleja los activos a corto plazo disponibles para cubrir las obligaciones a corto plazo, excluyendo las existencias, que son menos líquidas.
- **Ratio de tesorería.** Compara la parte del activo corriente que puede convertirse rápidamente en efectivo con las deudas a corto plazo.
- **Ratio de solvencia.** Evalúa la capacidad de una empresa para cumplir con sus obligaciones utilizando todos sus activos disponibles.
- **Ratio de cobertura.** Muestra la relación entre los recursos financieros permanentes de una organización y los activos no corrientes que estos financian.
- **Ratio de autonomía financiera.** Compara la parte de los recursos de una empresa que está financiada por sus propios fondos.
- **Ratio de endeudamiento general.** Indica la relación entre los recursos propios y los recursos ajenos, aunque no existe un estándar de referencia específico. Esta ratio es utilizada para calcular otras ratios significativas.

IMPORTANTE

La mayoría de los valores proporcionados por las ratios deben ubicarse dentro de un rango específico (desde un valor mínimo hasta un valor máximo), para permitir comparaciones significativas y obtener información precisa de los mismos.

Del mismo modo que en las ratios económicas, las ratios financieras también se calculan a partir de fórmulas. La diferencia, en este caso, radica en que se van a analizar principalmente partidas que forman parte del balance de la empresa.

En la tabla que se muestra a continuación se facilitan las fórmulas para calcular las distintas ratios y los valores óptimos que deberían obtenerse para garantizar una viabilidad financiera aceptable de la empresa.

Ratio	Fórmula	Valor normal
Liquidez general	Activo corriente / Pasivo corriente	1,5-2
Liquidez inmediata	(Activo corriente - Existencias) / Pasivo corriente	>=1
Tesorería	(Activo corriente - Existencias -Clientes) / Pasivo corriente	0,3
Solvencia	Activo total / Recursos ajenos	>=1
Cobertura	(Patrimonio neto + Pasivo no corriente) / Activo no corriente	>1
Autonomía financiera	Recursos propios / Activo total	Depende de cada empresa
Endeudamiento general	Pasivo (corriente y no corriente) / Patrimonio neto	A menor ratio, menor endeudamiento de la empresa en función de sus recursos propios.

 EJEMPLO

Una empresa que tiene un activo corriente de 1.903.000 €, unas existencias de 350.000 € y un pasivo corriente de 683.000 €, tendría una ratio de liquidez inmediata de (1.903.000 - 350.000) /683.000 = 0,89.

La ratio de liquidez inmediata es inferior a 1 (en este caso 0,89), por lo que se puede deducir que la empresa tiene problemas de liquidez inmediata, es decir, no tendrá liquidez suficiente para poder afrontar sus deudas a corto plazo.

5. Resumen

Como resulta evidente, planificar adecuadamente todas las operaciones relacionadas con las ventas de una empresa resulta fundamental para garantizar su viabilidad económica y financiera.

En esta unidad se ha explicado primeramente cuáles son las operaciones de venta más relevantes y cómo registrarlas en *Sage 50* para, posteriormente, conocer cómo se puede planificar y evaluar la situación de una empresa a partir de toda la información introducida a lo largo de un período determinado.

Concretamente, se han explicado los siguientes procesos y utilidades:

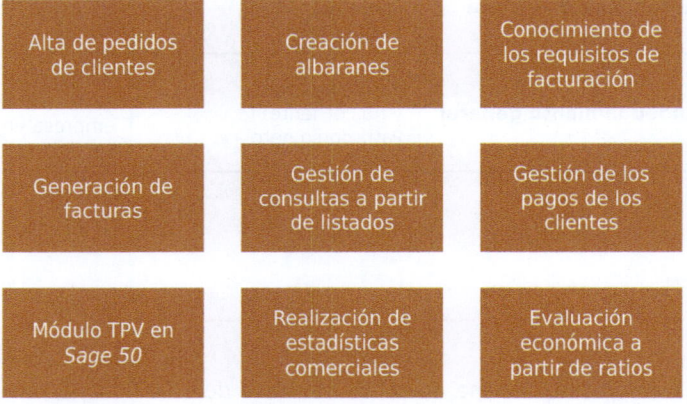

Ejercicios de autoevaluación
Unidad de Aprendizaje 2

1. **Según el Real Decreto 1619/2012 de facturación, indica qué concepto no es obligatorio que conste en una factura.**

   a. NIF del emisor
   b. Tipo impositivo
   c. Modo de expedición
   d. Fecha de emisión

2. **Ordena los siguientes documentos que forman parte del proceso de venta de mercancías a los clientes.**

   a. Albarán de venta
   b. Pedido de venta
   c. Factura de venta

3. **Indica cuál es la ruta que seguir para crear un pedido de clientes en** *Sage 50.*

   a. Ventas -> Documentos -> Pedido -> Nuevo
   b. Contabilidad -> Documentos -> Pedido -> Nuevo
   c. Compras -> Documentos -> Pedido -> Nuevo
   d. Compras -> Documentos -> Albarán -> Nuevo

4. **Determina si la siguiente oración es verdadera o falsa: "En la parte superior de la ventana Pedido de venta se localiza la cabecera de un pedido a clientes":**

   ■ Verdadero
   ■ Falso

5. **Si un pedido de venta se ha traspasado parcialmente a un albarán, indica qué se mostrará en el apartado Estado traspaso de la ventana de Listas previas.**

   a. Traspasado
   b. Total

    c. Parcial

    d. Pendiente

6. Determina si la siguiente oración es verdadera o falsa: "Todos los pedidos de venta (los pedidos de los clientes) deben ir acompañados de un albarán en el que consten todos los productos que se están enviando para justificar su salida del almacén".

    ■ Verdadero

    ■ Falso

7. La ratio que compara la parte de los recursos de una empresa que está financiada por sus fondos propios se denomina.

    a. Ratio de solvencia

    b. Ratio de autonomía financiera

    c. Ratio de tesorería

    d. Ratio de cobertura

8. Las ratios _____ se enfocan en analizar las partidas del balance de situación para evaluar el nivel de solvencia, la situación financiera y la rentabilidad, entre otros aspectos.

    a. económicas

    b. viables

    c. financieras

    d. contables

9. El análisis de _____ es un procedimiento consistente en identificar, recopilar, clasificar y evaluar todos los gastos asociados con la producción, distribución y venta de bienes o servicios en una empresa.

    a. cuentas

    b. facturas

    c. ingresos

    d. costes

10. **Determina si la siguiente oración es verdadera o falsa: "Al analizar el mercado y las tendencias, la planificación de ventas ayuda a identificar oportunidades de crecimiento y desarrollo de nuevos mercados o segmentos de clientes".**

    ■ Verdadero
    ■ Falso

Glosario

Albarán
Documento comercial utilizado para certificar la entrega de los productos de un pedido.

Almacén
Local de una empresa destinado a almacenar los productos adquiridos a un proveedor para su venta, uso o distribución futura.

Aplicación de gestión integrada
Software que facilita la gestión de diversos procesos mediante sus menús.

Artículo
Producto que la empresa adquiere de un proveedor y posteriormente vende a un cliente.

Catálogo
Base de datos que contiene todos los productos y servicios de una empresa.

Cliente
Persona que adquiere productos o servicios en un establecimiento comercial.

Compra
Transacción comercial en la que una persona física o jurídica adquiere productos o servicios a cambio de una compensación económica.

Contabilidad
Sistema para registrar las operaciones comerciales y económicas de una empresa, que sirve como herramienta de control y es obligatorio para ciertos tipos de empresas.

Datos fiscales de la empresa
Conjunto de información de una empresa que consta en la Agencia Tributaria a efectos fiscales.

Factura
Documento comercial oficial que registra la compra o venta de un bien o la prestación de un servicio.

Facturación
Proceso de elaborar una factura, generalmente basado en uno o varios albaranes o pedidos.

Fecha de expedición
Información obligatoria en toda factura que indica la fecha en la que fue emitida.

IVA
Acrónimo de impuesto sobre el valor añadido.

NIF
Acrónimo de número de identificación fiscal.

Pedido
Solicitud de adquisición de materiales dirigida a un fabricante, proveedor o vendedor.

Producto
Objeto resultante del proceso de fabricación o producción dentro de una empresa.

Proveedor
Persona que realiza una venta, suministrando a otra persona los productos necesarios.

Pyme
Acrónimo de pequeña y mediana empresa.

Razón social
Denominación de una empresa que ha sido legalmente registrada. En las facturas, es obligatorio incluir la razón social.

Sage 50
Aplicación informática de gestión integrada de la facturación, contabilidad y de la gestión comercial de la empresa.

Tarifa
Precio que debe abonar cualquier consumidor al adquirir un producto o servicio.

Transferencia bancaria
Proceso de enviar dinero mediante instrucciones del remitente a su entidad bancaria.

Usuario
Cada una de las personas que utiliza una aplicación informática. Cada usuario puede tener asignados una serie de permisos y funcionalidades distintos.

Venta
Transacción comercial en la que una persona física o jurídica proporciona productos o servicios a cambio de una compensación económica.

Bibliografía

Monografías

→ FERNÁNDEZ, V. y NAVARRO, A.: *Manual del Curso Profesional Sage 50c. 3.ª Edición.* [s. n.]: Madrid, 2019.

> Lectura recomendada para los usuarios que quieran conocer con profundidad el funcionamiento de *Sage 50c.*

→ MUÑIZ, L.: *Control presupuestario: Planificación, elaboración, implantación y seguimiento del presupuesto.* Barcelona: Editorial Profit, 2023.

> Este libro aporta técnicas y conceptos para todas las organizaciones en el ámbito de la gestión y del control presupuestario, permitiendo utilizar de una manera mucho más eficaz sus recursos.

→ VV. AA.: *Manual de Sage 50Cloud: Cursos profesionales.* Madrid: Editorial Adams, 2019.

> Libro muy completo para seguir practicando y aprendiendo con *Sage 50 Cloud.*

Textos electrónicos, bases de datos y programas informáticos

→ *Microsoft Excel,* de:
<https://www.microsoft.com/en-us/download/404-page>.

> Aplicación de tratamiento de hojas de cálculo empleada para el análisis de estados contables, entre otras funcionalidades.

→ *Sage 50 Cloud,* de: <https://maintenance.www.sage.com/error11.html>.

> Aplicación de gestión integrada comercial y contable de una empresa para trabajar en la nube desde cualquier dispositivo electrónico.

→ *Sage 50c.* Guía de instalación, de:
<https://maintenance.www.sage.com/error11.html>.

> Manual creado por *Sage* en el que se explica detalladamente cómo realizar la instalación de *Sage 50c* y cómo configurar las actualizaciones de la aplicación.

→ *Sage ContaPlus* es ahora *Sage 50,* de:
<https://www.sage.com/es-es/productos/sage-contaplus/?utm_gachannelgroup=PaidSearch&utm_source=GOOGLE&utm_medium=PaidSearch&utm_campaign=ES%7CGoogle%7CSmall%7CBrand_Plus/Main(MaxConv-Multiple)NA_SMA50UD_&utm_delivery=Paid&gad_source=1&gclid=CjwKCAiA9bq6BhAKEiwAH6bqoMAZfGmkl65UGesHnc_mALXbibU4vKhbhMQmfKpTAriTh2gYvfWggBoCaq4QAvD_BwE&gclsrc=aw.ds>.

> Artículo en la web oficial de Sage en la que se explican las diferencias entre *Sage ContaPlus* y *Sage 50,* junto con las novedades que este último ofrece.